문지스펙트럼

문화 마당
___
4-017

스크린 앞에서 투덜대기

듀나

문학과지성사

문화 마당 기획위원

오생근 / 정과리 / 성기완

문지스펙트럼 4-017

스크린 앞에서 투덜대기

지은이 / 듀나
펴낸이 / 채호기
펴낸곳 / 문학과지성사

등록 / 1993년 12월 16일 등록 제 10-918호
주소 / 서울 마포구 서교동 363-12호 무원빌딩 4층 (121-838)
전화 / 편집부 338)7224~5 팩스 / 323)4180
영업부 338)7222~3 팩스 / 338)7221
홈페이지 / www.moonji.com

제1판 제1쇄 / 2001년 6월 30일
제1판 제2쇄 / 2002년 9월 12일

값 5,000원
ISBN 89-320-1260-1
ISBN 89-320-0851-5(세트)

ⓒ 듀나

스크린 앞에서 투덜대기

이론 무장

1

다음 글들은 1996년부터 2000년 사이에 씌어졌으며 대부분은 『씨네21』에, 나머지들은 몇몇 다른 잡지, 웹진, 또는 통신망을 통해 발표되었습니다. 일관성 있는 척하기 위해 글들을 뒤섞고 절단해 다시 이어붙였지만 이것들이 의식적으로 새로 쓴 글들이 아니라는 것은 경고하고 넘어가야겠군요. 그때문에 글들이 종종 타임 슬립을 해대는 타임 머신처럼 앞뒤로 뛰며, 몇몇은 시효가 지났습니다. 예를 들어 앞으로 수없이 불평해댈 지오시티스Geocities 봉쇄는 오래 전에 없어졌습니다. 그러나 전 이것들을 그대로 두었는데, 봉쇄의 상징적인 의미는 아직 유효 기간이 남아 있다고 생각되기 때문입니다.

2

제지 원료를 넝마에서 펄프로 전환시킨 뒤로 출판업은 결코 환경 친화적인 산업일 수가 없기 때문에, 책을 쓰는 행위에는 필수적으로 양해가 따라야 합니다. 하지만 어떤 대안 제시도 없이, 일관성 있는 의견 제시도 없이 툴툴거리기만 하는 것이 그런 당위가 될 수 있을까요? 적어도 제가 하려는 것이 바로 이것입니다.

슬프게도 그럴 수 있다고 보는데, 뚜렷한 대안을 제시할 수 없다면, 툴툴거리며 그 불편함을 상기시키는 것이 그 다음으로 유익한 일이기 때문입니다. 대책 없는 툴툴거림은 쓰레기일지도 모르지만 적어도 유용한 쓰레기입니다. 대안이 없다고 입 닥치고 가만히 있기만 한다면 우린 우리가 겪고 있는 짜증마저도 망각하고 맙니다. 게다가 툴툴거림은 대안을 제시할 능력이 없는 대다수의 사람들이 구체적인 변화에 참여할 수 있는 유일한 길이기도 하죠.

불평은 적어도 자극제는 되며, 그런 자극을 받는 사람들 중 대안을 제시할 만한 능력이 있는 사람이 있을 수도 있습니다. 게다가 어떤 구체적 의도도, 일관성도 없는 순수한 툴툴거림은 대안을 가진 일관성 있는 생각보다 더 구석까지 파고들 수도 있습니다. 아마도 더 솔직해질 수 있는 방법인지도 모르죠. 100페이지가 넘어가는 일관성 있는 글을 쓰는 사람들은 어디선가 거짓말을 할 수밖에 없으니까요.

3

대부분의 글이 '채팅실'이라는 제목의 칼럼을 위한 것이기 때문에, 이 글들은 의식적으로 '통신망식 스타일'을 따르고 있습니다. 그런다고 의미없는 스마일리와 통신망 전용 줄임말이 책장 사이를 날아다닌다는 말은 아닙니다만, 적어도 의식적으로 그런 분위기를 따르는 경향은 있습니다.

언젠가 『씨네21』의 한 기자가 물은 적이 있습니다. 제가 늘 자잘하고 주변적인 주제에 매달리는 것이 통신망 필자의 성격 때문이냐고요. 물론 그렇지는 않아요. 통신망 필자들도 진지해지려면 얼마든지 진지할 수 있고 또 그런 사람들도 있습니다. 저 역시 통신망 필자 티를 내려고 일부러 덩어리 큰 주제를 피하는 것은 아닙니다. 그냥 그게 제 성격이죠.

그러나 통신망과 인터넷을 정말로 통신망답고 인터넷답게 만드는 것은 그런 '진지하고 좋은 글'이 아닙니다. 좋은 글은 전달 매체와 상관없이 좋습니다. 통신망을 통해 발표되건 인쇄되건 아니면 직접 낭송되건 마찬가지입니다. 매체가 바뀐다고 질이 달라지는 건 아닙니다. 뒤집어 말하면 '좋은 글'이 매체의 성격에 끼치는 영향은 상대적으로 적다고 할 수 있죠.

어떤 매체를 그 매체답게 만드는 것은 오히려 작고 하찮은 글들입니다. SF 장르를 지금의 모습으로 굳힌 사람들은 허버트 조지 웰스Herbert George Wells나 어슐러 르 귄Ursula Le Guin과 같은 거장들이 아니라 펄프 매거진에 싸구려 소설들을 팔던 이름없는 작가들이었습니다. 마찬가지로 통신망이라는 매체를 통신망처럼 만들고 그 고유의 가치를 창출해내는 사람들은 워드 프로세서도 통하지 않고 온라인으로 뛰어들어 "이 영화 보지 마요, 웩!" 따위의 글을 한두 마디 쳐서 올리는 바로 그런 사람들입니다. 그리고 바로 그런 글들이 진정한 통신망의 비평 세력이 되는 것이며, 통신망이 문화 환경에서 일익을 담당하는 것도 바로 그런 글들을 통해서입니다. 통신망이 아니었다면 그 사람들이 자기 의견을 타진할 기회가 있었을까요? 영화는 글솜씨 있는 사람들만의 독점물이 아닙니다.

아마 제가 쓴 채팅실 글은 그 어정쩡한 사이에 있을 겁니다. 종이에 인쇄되면서 "이 영화 보지 마요, 웩!"의 경박한 자유를 얻으려고 무의식적으로 통신망 티를 내고 있을지도 모르죠. 『씨네21』의 그 기자가 한 질문은 제 생각보다 훨씬 사실에 가까웠을 거예요.

차례

책머리에 / 7

외모 이야기

1. 지니의 얼굴 / 15

2. 포카혼타스의 얼굴 / 20

3. 뮬란의 얼굴 / 22

4. 알렉 웩의 얼굴 / 36

5. 사라 폴리의 얼굴 / 40

6. 마를렌 디트리히의 다리 / 47

아카데미 시상식에 대한 잡담

1. 미라맥스 마케팅 옹호하기 / 51

2. 밀고자의 귀환 / 54

스노비즘과 똥폼, 가짜 개성

1. 시네 스노비즘 / 58

2. 살아남은 똥폼들 / 67
3. 의식적으로 튀기 / 72

주변에서 살아남기
1. 메리 리처즈의 모자 던지기 / 75
2. 취향 물려받기 / 80
3. 쌀가루를 뿌려야 할까? / 85
4. 남의 영화 보기 / 90

여고 괴담 1, 2
1. 굳은 머릿속에 갇혀서 / 109
2. 「여고 괴담 두번째 이야기」는 자생적 컬트 영화일까? / 115

막힌 정보들
1. 검열의 진짜 기능 / 122
2. 검은 사각형 지우기 / 125

3. 검열보다 더 두려운 것 / 128

장르와 편견
1. 장르의 명칭 / 131
2. 그 뻔하고 뻔한 할리우드 영화들…… / 141

이 '공정한' 시대에……/ 149

대리전의 병사들 / 176

국제화 시대를 버텨내기 / 183

인터넷, 「접속」, 기타 등등 / 193

외모 이야기

1. 지니의 얼굴

I

'지니 Genie'라는 가명으로 알려진 와일드 차일드에 대해
아시나요? 태어나서부터 13년 동안 침실에 감금되어 살아왔
던 어처구니없는 가정 폭력의 피해자랍니다. 틴에이저가 될
때까지 말도 사회 규범도 배우지 못했던 이 불쌍한 아이는
발견된 뒤부터 당연히 언어학자들과 심리학자들의 연구 대
상이 되었지요. 지니에 대한 두 권의 책이 나왔고 그 아이를
다룬 PBS의 과학 다큐멘터리 시리즈 「노바Nova」의 에피소
드는 에미상을 수상하기도 했습니다.

얼마 전에 그 「노바」 에피소드를 Q채널에서 방영해주어
보았는데, 심리학 교과서로 '지니 사례'를 공부했을 사람들
은 몰랐을 어떤 것을 알게 되었습니다. 지니가 무척이나 예
쁜 아이였다는 거죠. 사람들이 그렇게 쉽게 지니에게 빠져들

었던 것도 이상한 일이 아닙니다. 지니의 예쁜 외모는 그 아이의 비정상적이고 동물적인 행동들까지도 요정같이 신비스러운 매력으로 전환시켰습니다.

물론 저희도 그걸 보면서 "아유, 저 예쁜 것이 부모 잘못 만나 저 고생을 하다니……" 어쩌구를 남발하며 눈시울을 적셨답니다. 다른 시청자들도 마찬가지였을 거예요. 아마 지니의 미모는 그 프로그램의 에미상 수상에도 상당한 영향을 끼쳤을 겁니다.

하지만, 프로그램이 끝나자 죄책감이 엄습해옵니다. 저희가 진짜로 신경써야 했던 것은 그 아이의 외모가 아니라 13년 동안 박살났던 그 아이의 영혼이었으니까요. 예쁘다는 이유만 가지고 그 아이를 로맨틱하게 꾸밀 권리는 저희한테 없었어요.

II

우린 사람들을 외모로 평가해서는 안 된다고 배웁니다. 지당한 말이죠. 그러나 우리가 그렇게 교육받는 건 그만큼이나 외모가 우리에게 강한 영향을 끼친다는 증거이기도 하겠지요.

지속적인 인간 관계에서 외모가 그렇게까지 중요하지는 않습니다. 오래 같이 지내다 보면 그 사람의 얼굴보다 더 중요한 다른 것들에 신경이 더 가게 마련입니다.

그러나 외모의 힘은 여전히 중요합니다. 아무 소설책이나 집어보세요. 우리는 소설 주인공의 얼굴을 볼 수 없습니다. 우리가 주인공에게 끌린다면 그건 주인공의 성격 때문입니다. 그런데도 우리는 작가가 주인공의 아름다움을 인정해주길 바랍니다. 왜? 미모가 주인공의 가치를 높여주기 때문이지요. 외모가 사람의 가치를 결정하지 않는다는 것을 알면서도 우린 마음속으로 이중 잣대를 휘두르고 있는 거예요.

외모의 가치는 그 대상이 우리로부터 멀리 떨어질수록 상승하고 강화됩니다. 우리로부터 충분히 멀리 떨어져 있는 사람이라면 외모만이 우리에게 의미있는 유일한 가치입니다.

종종 우리는 슈퍼 모델들이 벌어들이는 엄청난 돈에 대해 불평을 늘어놓는 사람들을 만나게 됩니다. 그저 예쁘다는 이유만으로 그런 돈을 받는 게 과연 옳은 일일까요?

슬프게 들릴지는 모르지만 옳은 일입니다. 정상적으로 돌아가는 자본주의 경제 시스템에서는 그렇게 많은 돈이 이유없이 낭비되는 일은 없습니다. 그들의 아름다움은 돈값을 합니다.

그들의 미모가 노력의 결과가 아니라고 따지는 사람이 있다면, 역시 슬프게도 우리의 가치가 꼭 노력의 양과 질에 비례하는 것은 아니라고 대답해야 하겠군요.

로시니 같은 '천재'를 보죠. 로시니는 작곡하기 위해 '노력'을 해야 되는 지경에 이르자 귀찮아서 작곡 자체를 포기해버린 남자였습니다. 그러나 공 하나 들이지 않은 그의 작품들은 여전히 가치 있고 아름답습니다. 우린 그가 노력하지 않았다고 해서 그의 작품을 깎아내리지 않습니다.

"적어도 그에겐 재능이 있었잖아!"라고 여러분은 말하겠지요. 하지만 재능 역시 미모와 마찬가지로 물려받은 것에 불과합니다. 노력파인 사람들도 그 열성과 에너지를 자기가 만들어낸 건 아니죠. 심지어 우리가 중요하다고 생각하는 '인간적 가치' 역시 우리 자신이 만들어낸 건 아닙니다.

우린 한 사람의 가치가 어디서 왔는지는 신경쓰지 않습니다. 중요한 것은 그 가치 자체입니다. 만약 어떤 사람의 아름다움에 강한 영향력이 있고 또 그 사람이 우리에게 미치는 영향이 그 외모뿐이라면, 우리가 알 수도 없고 또 관계도 없는 그 사람의 다른 가치들을 트집 잡아 아름다움의 가치를 부인하는 건 아주 위선적인 일이 되겠지요.

III

지니로 돌아간다면…… 그 아이한테 예쁜 얼굴과 기묘한 매력이 있었다는 건 나름대로 다행한 일이었겠죠. 그런 가치는 그 애의 삶에도 큰 도움이 되었을 겁니다. 지니를 보살피는 사람들에게도 그 아이의 외모나 매력은 일종의 보답이었을 거예요. 나쁜 일은 아니잖아요.

그러나 20년의 세월이 흐른 뒤, 브라운관 이쪽 편에서 그 아이를 보며 "아이고, 가엾은 것!" 따위를 남발하는 건 전혀 다른 일입니다. 우린 브라운관 안쪽으로 들어갈 수 없으므로 우리가 접할 수 있는 것은 지니의 이미지뿐입니다. 우리가 느꼈던 감정은 지니에게 말과 화장실 가는 법과 음식 씹는 법을 가르치고 보살폈던 사람들이 지니에게 느꼈던 감정과는 전혀 다릅니다.

지니를 보면서 저희가 느꼈던 감정은 아주 자연스러운 것이었습니다. 그러나 자연스럽다고 해서 모두 좋은 건 아닙니다. 저희가 느꼈던 감정은 순수한 동정심이 아니었습니다. 아이의 외모와 스토리의 비극성이 뒤섞여 그로테스크한 아름다움을 창조했고 저흰 그걸 예술 작품 보듯이 감상했던 거죠.

그런 건 자신의 아름다움을 적극적으로 이용하는 모델이나 배우들에게 매료되는 것과는 다릅니다. 잘생긴 연예인을 좋아하는 것은 정당한 거래이며 솔직하기도 합니다. 모두가 자신이 무얼 하는지 알고 있고 모두 얻는 것이 있습니다. 그러나 지니의 경우, 다양한 자기 기만과 가짜 감정이 뒤섞여 결과가 아주 추해집니다. 전혀 다른 가치들이 뒤섞이는 중에도 우린 자신의 감정이 아주 당연하다고 생각하는 거예요.

죄의식이 드는 건 당연한 일입니다. 심지어 두렵기까지 하군요. 우리가 브라운관으로부터 대상과 차단된 채 쌓아가는 감정들이 얼마나 진짜인지 알 수 없기 때문입니다.

2. 포카혼타스의 얼굴

일이 년 전쯤인가, 브루스 웨버 Bruce Weber가 케이트 모스 Kate Moss를 데리고 베트남에 가서 미국판 『보그 *Vogue*』를 위한 패션 화보를 찍은 적이 있습니다. 보나마나 그뒤로 『보그』의 구태의연한 오리엔탈리즘의 남용을 비난하는 독자 편지들이 산처럼 쌓였을 겁니다. 뭐, 언제나 있었던 일이고, 또 당연한 일입니다.

그런데 다음 호 『보그』에 실린 독자 편지 중 조금 뜻밖인 내용이 하나 있었어요. 미국에 사는 어떤 베트남 여성이 보낸 편지였는데, "베트남을 아름답고 이국적인 나라로 표현해 주어서" 고맙다나요. 그게 그렇게까지 고마운 것인지는 모르겠지만 생각해보면 그 사람의 반응도 이해가 되는 것이, 미국 사람들에게 베트남에 대해 무얼 아느냐고 묻는다면 베트남 전쟁과 보트 피플 이상의 대답이 들려올 것 같지도 않기 때문입니다. 하지만 적어도 웨버의 사진들에서 베트남은 미적 대상이었지요. 그것이 비록 화려하게 차려입은 케이트 모스를 이국적으로 치장하기 위한 것이었다고 하더라도 말입니다. 어떤 베트남인이 그런 사진들 속에서 자긍심을 찾았다면 그건 그렇게까지 이상한 일은 아니었을지도 몰라요.

갑자기 궁금해지기 시작합니다. 어디까지가 오리엔탈리즘

이나 이국 취향이고 어디까지가 문화 수출품이나 자기 문화의 표현일까요? 이건 매우 정치적이고 또 미묘한 문제이기 때문에 결코 자로 재는 것처럼 간단하게 대답할 수는 없습니다. 그게 그렇게 간단했다면 문승욱 감독이 「이방인」의 태권도 장면들에 대한 반응에 대해 불평을 늘어놓을 여지도 없었겠죠.

제 등뒤에서 누군가가 "특정 문화를 사실 그대로 묘사했다면" 오리엔탈리즘이 아니라고 하네요. 하지만 그게 무슨 말인지요. 뭐가 진짜고 뭐가 사실이란 말이에요? 게다가 드러난 그대로만 묘사하라는 법이 세상에 어디 있나요. 특정 문화를 한 민족만 독점하라는 법은 또 어디 있고.

이러다 보니 생각은 또 미친 개구리처럼 방향 없이 폴짝 뛰어서, 과연 우리가 서구 주류 문화 이외의 다른 문화나 민족에 대해 얼마나 알고 있나 생각하게 됩니다. 예를 들어서 「포카혼타스Pocahontas」가 개봉되었을 때, 주인공 포카혼타스의 캐릭터가 "서구인들의 눈에 왜곡되어 비친 동양 여성의 모습"이라는 반응이 통신망 게시판에 상당히 많이 올라왔었죠. 그러나 그 사람들이 아메리카 원주민들의 얼굴에 대해 알아봐야 얼마나 알겠어요? 아메리카 원주민들이 우리와 같은 몽골로이드여서 당연히 더 잘 안다? 그럼 코카소이드인 스칸디나비아인들에 대해서만 알면 같은 인종인 인도인들의 얼굴에 대해서는 더 이상 생각할 필요도 없다는 말인지?

솔직히 말해 디즈니 애니메이터들이 우리들보다 아메리카 원주민들의 얼굴에 대해 더 잘 알았을 것이라는 생각이 들지 않을 수 없습니다. 적어도 그네들은 연구라도 했을 테니까요.

　하지만 우리에겐 "같은 동양계니까"라는 게으른 단정 이외엔 무기도 없습니다. 그리고 이 단정은 결국 우리가 아무 것도 노력해 알려고 하지 않다는 것을 증명해주는 말 이상은 아니겠죠. 솔직히 말해, 몇몇 홍콩 영화나 『삼국지』를 빼면 평균 수준의 한국인이 '개별 동양 문화'에 대해 아는 게 얼마나 되겠습니까.

3. 뮬란의 얼굴

I

　일단 상식적인 수준에서 시작해보기로 하죠. 여기 만화 주인공이 두 명 있습니다. 왼쪽은 길창덕의 꺼벙이이고 오른쪽은 찰스 슐츠 Charles M. Schulz의 찰리 브라운 Charlie Brown입니다.

　자, 충분히 보았을 테니 질문을 해보기로 합시다. 이들의 얼굴에서 어떤 인종적 특성을 발견할 수 있습니까? 이 그림들만으로 왼쪽이 동양인이며 오른쪽이 서양인이라는 사실을 확인할 수 있습니까?

'없다'는 것이 정답입니다. 물론 여러분은 이 두 소년이 흑인이 아니라는 정도의 정보는 얻을 수 있습니다. 하지만 그 이상 나가려고 한다면 막히고 말죠. 우리가 머리에 심고 다니는 동그란 얼굴, 작은 눈, 낮은 코=동양인, 갸름한 얼굴, 큰 눈, 높은 코=서양인이라는 규칙 따위는 먹히지 않습니다. 꺼벙이의 눈은 어떤 서양인 아이의 눈보다 크고 찰리 브라운의 머리는 어떤 동양인 아이의 머리보다 둥그니까요.

만화는 원래 제한된 시각 정보만을 이용하는 매체입니다. 따라서 만화가는 등장인물들을 그리면서 정보들을 취사 선택해야만 합니다. 길창덕이 꺼벙이를 그렸을 때 그가 우리에게 제공하려고 하는 정보는 대충 다음과 같습니다. 주인공은 1) 아마도 초등학교(당시엔 국민학교)에 다니는 소년이고, 2) 멍청한 얼굴 표정으로 보아 우등생도, 그리 야무진 학생도 아니라는 것이지요. 인종적 특징은 제공할 필요가 없습니다. 『꺼벙이』만화를 보는 독자들은 모두 꺼벙이가 한국인이라는 걸 알고 있으니까요.

찰리 브라운 역시 마찬가지입니다. 찰스 슐츠가 제공하려는 정보는 그의 주인공이 둥근 머리의 얌전한 소년이라는 것이지, 그가 백인이라는 것은 아닙니다.

그럼 조금 더 나아가보기로 합시다. 「피너츠Peanuts」만화에 나오는 캐릭터의 대부분은 백인입니다. 따라서 그들 역시 인종 정보는 필요없지요. 하지만 흑인인 프랭클린의 경우는 다릅니다. 슐츠는 그가 흑인이라는 정보를 주어야 하죠.

이 역시 그렇게 어렵거나 하지는 않습니다. 슐츠는 스크린

「피너츠」의 흑인 캐릭터인 프랭클린

톤으로 소년의 얼굴을 어둡게 만들고 머리칼을 곱슬거리게 해서 그를 흑인으로 만들었습니다. 인종적 정보를 주기 위한 기본 도구로 이 간단한 상징들은 유용합니다. 이 장르에서 스테레오타입은 인종 구별을 위한 필요악이죠. 아무도 여기에 대해 뭐라 하지 않을 겁니다.

하지만 동양인을 그릴 경우 어떻게 해야 할까요?

24

결코 쉽지 않습니다. 자, 일반적인 육체적 차이들을 생각해보죠. 동양인의 피부는 서구인보다 약간 어둡지만 그 차이는 지극히 미미해서 그걸 선으로만 이루어진 만화에서 표현하는 것은 어림없습니다. 동양인들은 서양인들보다 얼굴이 둥근 사람들이 많습니다. 하지만 「피너츠」의 주인공들은 모두 얼굴이 둥글죠. 동양인들은 대부분 서양인보다 코 높이가 낮습니다. 하지만 「피너츠」의 주인공들도 서양인 코를 가지고 있다고는 할 수 없습니다. 동양인들의 눈은 서양인들보다 가늘지만 역시 슐츠의 만화에서 표현하는 것은 어림없죠.

아마 슐츠의 만화에 동양인 캐릭터가 등장하지 않는 것은, 지금까지 그가 해결책을 찾지 못했기 때문이 아닌가 싶군요.

모트 워커 Mort Walker의 경우는 조금 더 유리했습니다. 슐츠보다 더 단순한 그림체를 가지고 있는 워커지만, 적어도  그는 동양인 신체 특징 중 하나를 과격하게 적용시키는 것으로 사태를 해결할 수 있었습니다. 그의 만화 시리즈 『비틀 베일리 *Beetle Bailey*』에 등장하는 일본계 군인은 옆의 그림과 같은 모습을 하고 있죠.

여기서 첫번째 질문이 제기됩니다. 과연 이런 표현은 인종 차별적인가요?

저보고 답변하라고 하면 "차마 못 하겠다"라고 할 겁니다. 만화가들의 고충을 대충 알고 있기 때문이죠. 모트 워커의 주인공들은 모두 가운데에 점을 찍어놓은 동그란 눈이나 그냥 점 모양의 눈을 하고 있습니다. 이 사이에서 온화한 수준의 인종적 차이를 가하는 것은 거의 불가능에 가까워요. 그렇다고 인종적 차이를 드러내지 않는다면 독자들은 혼란을 느낄 겁니다.

결국 그는 점 대신 줄을 찍 긋고 해결했다고 외치게 됩니다. 적어도 캐릭터 표현만 따진다면 워커에게 일단 면죄부를 줄 수밖에 없는 거죠(물론 그가 그려내는 일본인들의 스테레오타입과 점 대신 줄을 그은 캐릭터로 인해 발생하는 부수적 문제들에 대해 몇 마디 할 수 있지만 그것들은 지금 이야기하는 주제와 별로 상관없습니다).*

---

* 지금까지 제가 본 서구 만화와 애니메이션들 중 인종적 구별을 가장 매끈하게 표현한 작품은 PBS의 교육 애니메이션인 「신나는 스쿨 버스 The Magic School Bus」입니다. 하지만 정치적 공정성을 제작 전에 미리 염두에 두고 시작한 이 작품과 모트 워커의 만화를 일 대 일로 비교하는 것은 부당한 일입니다.

이제 뮬란Mulan의 얼굴로 넘어가기로 합시다. 「뮬란」의 주인공들은 『비틀 베일리』나 「피너츠」의 주인공보다 더 복잡한 얼굴을 하고 있습니다. 그렇다면 보다 나은 수준의 표현이 가능할까요?

「뮬란」

「뮬란」에서도 '인종적 차이를 드러내야 한다'는 요구는 그대로 남아 있습니다. 디즈니의 만화가들은 뮬란과 그의 동료들을 '중국인'으로 그려야 합니다. 그들은 백인보다 약간 짙은 피부색과 위로 싹 올라간 눈, 낮은 코로 그들의 문제점을 해결했지요.

결과는 만족스러운가요? 개인적으로 저는 뮬란의 캐릭터가 마음에 들지만 통신망에 가득 찬 불평 불만에 귀를 기울여야 합니다. 하지만 그 게시물들을 모두 인용하는 것은 종이 낭비이므로 간단하게 다음과 같이 요약하기로 하죠. "과연 우리 동양인들의 눈이 모두 그렇게 올라갔나? 우리가 그렇게 생겼나?"*

그걸 확인한답시고 밖으로 나가 동네 사람들의 눈을 들여다보는 것은 시간 낭비입니다. 우리의 판단력은 그렇게까지 좋지 않습니다. 우리에게 필요한 건 수치와 통계죠. 고로 전문가들의 말에 귀기울여보기로 합시다.

통계학자들에 따르면 일단 근거가 없지는 않다는군요. 평균적으로 따진다면 눈 끝이 올라간 동양인이 눈 끝이 올라간 서양인보다 많대요. 게다가 옛날 사람들은 눈 끝이 우리보다 더 올라갔었다는군요. 당시 사람들은 우리보다 거친 음식을 먹었고 그 때문에 발달한 광대뼈 주변의 얼굴 근육 때문에 눈꼬리가 위로 올라갔기 때문이라나요. 게다가 가느다란 눈이 눈의 각도를 보다 강조하는 경향도 있겠지요.

하지만 동양인들만 광대뼈가 튀어나온 것도 아니며 한 인종 안에도 다양한 차이가 있습니다. 다시 말해 「접속」의 배우 추상미나 m·net의 VJ 정다나의 올라간 눈은 인종적 특징 중 하나지만 모든 동양인이 그런 것은 아니며 서양 사람들 중에도 오드리 헵번Audrey Hepburn이나 샬롬 할로Shalom

_____
* 「앨리 맥빌」에서 성질 고약한 중국계 고객/변호사 링 우로 출연하는 루시 류는 뮬란과 아주 흡사한 얼굴을 하고 있습니다.

Harlow처럼 눈 끝이 올라간 사람들이 많다는 말이지요.

　게다가 원래 다른 인종에 익숙하지 않은 화가들은 대상을 보이는 대로 그리거나 자기와 비슷하게 그리는 법입니다. 낯선 관찰자들인 서양인들의 눈에 이런 차이가 유달리 눈에 뜨일 가능성은 그렇게까지 크지는 않습니다. 동양인 스테레오타입이 완전히 굳어지기 전인 19세기에 동양으로 파견된 서구 일러스트레이터들의 작품들을 보면, 가는 눈과 낮은 코, 작은 키 같은 것들은 꽤 보편화되어 있지만 올라간 눈은 생각만큼 흔치 않습니다.

　이 스테레오타입은 어디에서 왔을까요? 아무래도 우리가 제공해준 것 같습니다! 수많은 동양 미술품들이 가느다랗고 끝이 올라간 눈을 한 남녀들의 모습을 묘사하고 있기 때문이지요. 사진이 없었고 교류가 적었을 당시, 서구인들에게 동양인들의 이미지를 가장 강렬하게 각인시킨 것들이 바로 이 동양 미술들이었음은 말할 필요도 없고요.

　그렇다면 '끝이 올라간 눈'의 탄생은 인종적 차이의 강조와 무관하다는 말이 됩니다. 전통 회화를 그렸던 대부분의 화가들은 인종 차이 따위에는 신경쓰지도 않았고 그런 것에 대해 알지도 못했습니다. 그들이 그리는 대상은 동양인이나 서구인이 아니라 '인간 일반'이었습니다. 길창덕이나 찰스 M. 슐츠도 마찬가지죠. 그런데도 그들은 끝이 올라간 눈을 그렸던 겁니다.

로드니 댄저필드

'끝이 올라간 눈'은 그 당시의 패셔너블한 선택이었다고 생각하면 됩니다. 모든 동양 회화들이 끝이 올라간 눈만 묘사하는 것은 아니니까요. 그네들이 익살스러운 노인네의 얼굴에 그려넣는 눈은 로드니 댄저필드Rodney Dangerfield* 저리 가라 할 정도로 크고 둥급니다. 사실적인 초상화들은 모두 다양한 눈 모양의 정상적인 얼굴을 보여줍니다.

고로 '끝이 올라간 눈'이 동양인의 스테레오타입이 된 것은 60년대 영국판『보그』에 실린 트위기Twiggy**의 사진이 60년대 영국 여성들의 패셔너블한 스테레오타입이 된 것과

트위기

---

* 미국의 코미디언.
** 영국의 패션 모델.

30

다를 게 없습니다. 아주 사실은 아니지만 나름대로 진실이 어느 정도 섞여 있으며 거칠게 써먹기엔 꽤 편하다는 점에서요.

III

뮬란의 눈은 꽤 큰 편입니다. 디즈니 버전 신데렐라보다 크죠. 만화를 그릴 때, 캐릭터의 눈은 큰 편이 좋습니다. 표정을 살리기 쉬우니까요. 그러니 가느다란 눈과 올라간 눈 중 하나를 선택하라고 하라면 올라간 눈 쪽이 낫지요.

그러나 뮬란의 눈이 아무리 크다고 해도 일본 만화의 주인공들보다 크지는 않습니다. 일본이나 그 영향을 받은 문화권 만화에 등장하는 주인공들의 눈은 정말 비정상적으로 크고 둥글죠.

서구 지향적일까요? 아마 그렇겠죠. 적어도 동양인들의 육체적 특징에서 나온 것은 아닙니다. 그러나 조금만 더 생각해보기로 합시다.

언젠가 커다란 눈 속에 왕방울만한 별들이 반짝이는 순정 만화 캐릭터들의 서구 지향을 비판하는 글을 읽은 적이 있어요. 그 필자는 자신의 주장을 보충하기 위해, 한국 이름들이 붙은 순정 만화 캐릭터들이 대화하는 컷을 위칸에 놓고 같은 구성의 그림을 유럽 이름이 붙은 '동양인' 캐릭터들로 등장 인물들을 바꾼 뒤 아래칸에 두어 비교하게 만들었지요. 그런데 인용된 순정 만화 캐릭터들은 너무 비현실적이라 어떤 인종으로도 보이지 않았는 데 비해, 아래칸의 동양인 캐릭터는 그 인종적 요소가 너무 노골적으로 강조되어서 그 예는 핀트가 살짝 어긋난 것처럼 보였습니다.

디즈니 사람들은 자신들에게 '인간 일반'인 서구인 캐릭터들로부터 동양인들을 분리해야 할 필요가 있지만 우린 그럴 필요가 없습니다. 따라서 어떻게 생각하면 자신의 인종적 요소를 끊임없이 인식하는 아래칸의 캐릭터가 커다란 눈의 순정 만화 캐릭터보다 덜 '자주적'일 수도 있는 겁니다.

서구 지향과 만화의 본래적 기능(아까도 말했지만 많은 만화가들이 표정 묘사를 확장하기 위해 눈 크기를 늘이게 마련입니다)을 가려내는 일도 생각만큼 쉬운 일이 아닙니다. 왕방울만한 눈에 인공적인 머리칼을 한 일본 만화 캐릭터들이 너무나 일본풍인 문화 아이콘으로 자리잡고 있는 걸 보면 그래서 더 헷갈리기 시작하는 거죠.

IV

「뮬란」이 그려낸 중국은 중국적이라기보다는 차이나타운적입니다. 하지만 우리라고 그걸 나무랄 수 있을까요? 고우영이 그린 「삼국지」가 지독하게 '한국적'인 것과 뭐가 다를까요? 마치 동양 선비처럼 분위기를 잡으며 술을 주거니 받거니 하는 김혜린 만화의 유럽 주인공들은 어때요? 가까운 옆 동네라지만 클램프CLAMP의 「신춘향전」도 우리의 정서와는 상당한 차이가 있습니다. 구체적인 오류만 지적해보라고 한다면, 이정애의 「루이스 씨에게 봄은 오는가」만큼 잘못된 고증으로 가득 찬 작품은 동서양 어디를 봐도 많지 않습니다. 그러나 누가 그런 것에 신경이나 씁니까?

결국 우리에겐 외국 문화를 보는 각자의 방법이 있는 법이고 그것 또한 우리 문화의 일부입니다. 순수한 외국 영화들만으로 이루어진 '명작 리스트'에도 우리의 터치가 묻어 있습니다. 언젠가는 이런 국적 차이도 두루뭉술해져버리겠지만 아직 그런 단계까지는 오지 않았습니다.

외국 문화를 보는 방법뿐만 아니라 외국 문화 자체도 우리 문화 환경의 일부이기도 합니다. 흔한 예로 『삼국지(연의)』를 보죠. 이 소설 빼고 우리나라 사람들의 문화 환경에 대해 이야기한다면 얼마나 허전하겠습니까?

이런 것들의 일부는 토착화되기도 합니다. 『삼국지』는 매우 한국적인 장르인 판소리의 한 마당인 「적벽가」를 낳았습니다. 불과 몇백 년 전에 신대륙 아메리카에서 날아온 고추라는 수입 작물을 뺀다면 한국 전통 음식의 리스트는 허물어집니다. 결국 우리가 전통 문화라고 부르는 것은 자생 문화 10퍼센트(순전히 수사적 효과를 노리기 위해 끼워넣은 수치니 숫자에 신경쓰지 마시기 바랍니다)＋토착화된 수입 문화 90퍼센트가 뭉쳐진 결과입니다.

예전에는 수입품들을 안에서 삭히면서 토착화할 시간 여

유가 있었습니다. 하지만 세상은 바뀌었습니다. 소위 글로벌 시대라는 게 된 것이죠. 이제 수입 문화는 토착화되기보다는 그 자체로 남습니다. 역시 당연한 일이며 이런 환경을 정보 유통이 힘들었던 과거와 비교하며 한탄할 필요는 없습니다.

하지만 몇몇 문제점에 대해 언급하는 것도 재미있을 것 같습니다. 다시 고추의 예로 돌아가보기로 하죠. 임진왜란 이전만 해도 허여멀건하고 담백한 음식만 먹던 한국 사람들의 입맛은 고추가 들어오면서 완전히 바뀌었습니다. 이건 엄청난 변화이며 아마도 '민족성'에 어느 정도 영향을 끼쳤을 수도 있을 겁니다.

비슷한 수준의 변화가 20세기에도 일어났습니다. 육체에 대한 미 의식이 변화한 것입니다. 우리의 기준은 점점 서구화되어갔고 그 과정은 아직도 진행 중인 듯합니다.

사실 입맛의 변화나 아름다움의 기준의 변화는 크게 다르지 않습니다. 둘 다 취향의 변화에 불과하니까요. 하지만 우리의 육체가 개입되었을 경우 사정은 이상해집니다. 입맛이 바뀐다면 음식도 바꾸면 그만입니다. 하지만 우리 육체의 경우는 어떻게 되는 걸까요?

우리 자신의 육체에 예전처럼 만족할 수 없다면 삶은 그렇게 유쾌하지 않을 수도 있을 겁니다. 하지만 그렇게 된다고 해서 그런 일이 일어나지 않는다는 말은 아닙니다. 그런 일이 일어난다는 것 자체를 무시할 수도 없는 노릇이고요.

이 애먹이는 변화의 결과 번창하기 시작한 것은 성형외과입니다. 이 독특한 의료 행위의 발전에는 어딘가 장엄하고 감동적인 면이 있습니다. 심지어 어느 정도 철학적이기도 합니다. 자신의 미 의식에 맞추어 육체를 변형시키는 행위는 육체에 대한 정신의 거대한 도전이 아니겠습니까?

또 다른 변화는 비주얼 아트에서 발견됩니다. 특히 만화가 그렇습니다. 앞에서 저는 일본 만화의 캐릭터들에 대해 이야기했습니다. 이 장르에서 육체의 상징들은 육체보다 더 자유롭게 변형되었습니다. 서구인의 육체를 모방했지만 지극히 일본적인 일본 만화 주인공들의 왕방울만한 눈은 바로 그 결과인 것입니다.*

그리고 그것은 한 나라 문화의 상징적인 아이콘이 되었습니다. 이건 정말로 대단하고 이상한 변화입니다. 지난 세기까지 토착 문화는 그 문화 소유자들의 육체에서 벗어난 적이 없었습니다.

하지만 좋건 싫건 이제 그런 굴레는 깨졌습니다. 그것이 우리를 미의 평준화로 몰고 갈 건지, 아니면 다양성으로 몰고 갈 건지, 전 모릅니다. 만약 그런 답을 알고 있었다면(또

---

* 유달리 동양인 캐릭터들(특히 여성)이 많은 프랑스 만화와 일본 만화를 비교하는 방법도 있을 겁니다. 물론 일본 만화의 서구 동경과 프랑스 만화의 이국 취향은 다르지만 다른 인종의 육체를 자기 문화의 일부로 흡수하는 과정은 유사하기 때문입니다.

는 알고 있다고 거짓말을 할 생각이었다면) 이 주제로 책 한 권을 따로 썼겠지요.

4. 알렉 웩의 얼굴

다음은 요새 잘 나가는 수단 출신의 패션 모델 알렉 웩 Alek Wek의 사진입니다. 이 사진으로 이야기를 시작하는 것은, 요새 이 사람의 얼굴만 봐도 골치가 잔뜩 아프기 때문입니다.

왜? 일단 보세요. 어떻게 생각하세요? 아프리카 영양처럼 멋진 몸매에 흑단처럼 까맣고 아름다운 피부, 그리고 지독하게 못생긴 얼굴…… 그래요, 알렉 웩이 '미인'이라고 생각하시는 분들은 거의 없을 겁니다. 아마 전혀 없을지도 모르죠.

그렇다고 해서 알렉 웩의 커리어에 문제가 있는 것은 아닙니다. 사실 웩의 성공은 그 과격한 외모에 있었지요. 못생겼건 잘생겼건, 웩은 카메라 앞이나 런웨이에 서면 아주 강렬해 보이고 사람의 시선을 끕니다. 그 사람의 상품 가치는 절대로 조작된 것이 아닙니다.

그렇다면 아무런 문제가 없지 않냐고요? 그게 아닙니다.

만약에 웩이 백인이나 동양인이고 지독하게 못생겼다면 웩도 저도 마음 푹 놓고 잘 수 있습니다. 하지만 그 사람이 흑

There's nothing
coy about
these swimsuits,
whether in
black leather
for water's edge
or studded
stretch fabric
for diving in.
Left: Black leather
bandeau-top
bikini, $995,
patent leather
Mary Janes,
$395; both, Gucci.
Right: Black
polyamide-
and-elastin tank
suit with metal
studs, Moschino
Mare, $195.
For details, see
Shopping Guide.
BEAUTYWATCH
"This shoot was
about oil
and skin—that's
it," says Jon
Moore, ELLE
stylist and, here,
makeup artist.
He applied Clarins
Body Treat-
ment Oil on model
Alek Wek's
face and body
to highlight
and moisturize
her skin.

알렉 웩

인이기 때문에 문제가 생깁니다. 우리가 그 사람을 못생겼다고 생각하는 이유는 뭘까요? 정말로 웩이 못생겼기 때문일까요? 아니면 우리가 그 부류의 아름다움에 둔감한 것일까요?

둘 다 인정하기가 불편합니다. 첫번째가 사실이라면, 우리는 한 종족, 또는 인종 전체를 모욕하는 것이 됩니다. 일반적인 미적 기준이 지극히 서구적이 된 현실을 생각한다면 우리 자신을 모욕하는 것일 수도 있죠. 두번째가 사실이라면, 우리는 우리의 미적 기준이 상대적이라는 것을 인정해야 하는데, 사실 이런 걸 좋아하는 사람은 별로 없습니다.

그래도 우리의 대부분은 후자를 따라갈 겁니다. 그 편이 더 정치적으로 공정한politically corrected 것 같고 또 시대와 지역에 따라 미적 기준이 다르다는 사실을 경험을 통해, 교육을 통해 알고 있기 때문입니다.

그러나 세상일이 그렇게 쉽지만은 않습니다. 물론 지역 차이가 있습니다. 그러나 그렇다고 해서 그게 미적 기준이 상대적이라는 확실한 증거가 됩니까? 단지 우리의 경험이 제한적이어서 그런 것은 아닐까요? 미적 기준이 철저하게 상대적이었다면, 우리가 그렇게 손쉽게 서구적 기준을 받아들인 건 어떻게 설명해야 합니까? 말이 나왔으니 하는 말인데, 우리가 미적 기준의 변화와 같은 미묘한 현상을 정량화해서 설명할 수 있는 수준까지 왔다면 이미 인문학은 인문과학이라는 말을 들을 가치가 있다고 해야 할 것입니다. 하지만 우린 그런 도구 따위는 가지고 있지 않고, 이 터에서 우리가 만들어대는 생각들 중, 달고 다니는 캐치프레이즈가 주장하는 것만큼 객관적인 것들은 없다시피 합니다.

다시 말해 두번째 선택도 그렇게 대단히 객관적인 것은 아니란 말입니다. 우리가 두번째를 따라가는 이유는 첫번째와 다를 게 없습니다. 마음이 편해지니까요.

마음이 편해진다고 해도 문제는 해결되지 않습니다. 알렉 웩으로 다시 돌아가보죠. 우린 과연 수단에 사는 웩의 이웃들에게 웩이 어떻게 보이는지 감이나 잡고 있을까요? 어림없죠. 우리는 서구적 기준으로만 웩을 볼 수 있을 뿐입니다. 그 결과 서구 잡지들이 웩을 '아프리카 미인'이라고 할 때, 그들의 대부분은 지극히 위선적인 발언을 하고 있는 셈입니다. 나름대로 좋은 의도지만 위선적인 건 어쩔 수 없죠.

게다가 웩의 성공은 적어도 미국의 흑인들 중 일부한테는 상당히 불쾌하게 받아들여진다고 하는군요. "패션 잡지들이 웩의 아름다움을 예찬하는 것은 백인들이 흑인 모두가 알렉 웩처럼 원시인 같아 보이기를 원하기 때문이다"라는 것이 그들의 주장이랍니다. 매우 공정해 보였던 발언에 뜻밖에도 편견의 가능성이 숨어 있었던 겁니다.

그들을 설득할 수 있을까요? 쉽지 않을 겁니다. 웩이 팔리고 있는 서구 사회에서 '웩의 아름다움'은 머리의 발명품이지 마음에서 우러나온 것이 아니기 때문입니다. 발언한 당사자도 모르는데 남을 어떻게 설득하겠어요?

웩의 얼굴을 다시 보세요. 해결책이 나옵니까? 전 모르겠습니다. 제 눈에는 웩이 스핑크스처럼 정체 불명으로 보입니다. 심지어 전 이 사람이 아름다운 건지, 그렇지 않은 건지도 모르겠습니다. 제가 소속되어 있는 문화권의 대부분 사람들도 그렇겠지요.

5. 사라 폴리의 얼굴

I

아톰 에고이얀의 「달콤한 내세 The Sweet Hereafter」가 미국 개봉을 시작했고 얼마 전부터 사라 폴리 Sarah Polley의 사이트를 열고 있는 사람과 알고 지내는 사이가 되어서, 이 캐나다 배우의 얼굴을 갑자기 자주 접하게 되었답니다. 아마 아카데미 시즌이 되면 더 자주 접하게 되지 않을까요?

그런데 이 배우의 최근 얼굴을 보면 볼수록 생각나는 게 있어요. '얘가 정말 우마 서먼 Uma Thurman을 닮았구나.' 일 년 전까지만 해도 몰랐었죠. 지금은 어른이 다 되었지만 그래도 사라 폴리 하면 떠오르는 이미지는, 「바론의 대모험 The Adventures of Baron Munchausen」의 조그만 말괄량이 샐리나 「애본리 Road to Avonlea」의 새침데기 사라니까요.

「달콤한 내세」나 「엑조티카Exotica」에서 보여주는 사라 폴리의 나이든 모습은 아직 낯섭니다.

그러다 어느 날 보니까…… 너무 닮았어요. 사라를 우마 서먼의 작고 파리하고 깡마른 동생으로 소개하면 다들 믿을 겁니다. 게다가 그 빈 공간에서 약간 탁하게 울리는 듯한 목소리까지도 닮은 것 같아요. 나이가 들면 더 비슷해질걸요.

생각해보니, 이 둘은 「바론의 대모험」에서 같이 출연한 적도 있고, 아직 스타가 아니었던 우마 서먼은 당시 시간이 빌 때마다 사라 폴리의 베이비시터 노릇을 했었죠. 아마 그때 우마가 사라의 점심에 자기 유전자가 든 약물을 타서 먹인 것이 아닌가 합니다.

그런데 바로 얼마 전 일이에요. 사라 폴리의 최근 사진이 실린 『사이트 앤드 사운드』 잡지를 누군가에게 보여주면서 그 동안 애가 너무 크지 않았냐고 묻고 있었답니다. 그런데 갑자기 엉뚱한 대답이 돌아왔어요. "애 어딘가 에이미 웨슨 Amy Wesson을 닮지 않았니?"

그러고 보니 또 그런 것 같더군요. 모르시는 분들을 위해 설명한다면 에이미 웨슨은 무지무지 깡마른 패션 모델로 소위 '헤로인 쉬크'* 이미지의 표본처럼 여겨지는 사람이죠. 하여간 웨슨이 폴리보다 키가 훨씬 큰 것만 빼면 둘은 정말 닮았습니다. 그런데 생각해보니, 웨슨은 '헤로인 쉬크'말고도 패션계의 우마 서먼으로 통하고 있었지요.

이러고 보니 우마 서먼에서 사라 폴리로, 사라 폴리에서 에이미 웨슨으로 이어지는 선을 그을 수 있을 것 같습니다. 우마 서먼의 「펄프 픽션 Pulp Fiction」룩에서 약간 선을 조금 더 길게 끈다면 위노나 라이더 Winona Ryder나 미란다 리처드슨 Miranda Richardson까지 닿을 거고, 반대쪽으로 그으면 가브리엘 앤워 Gabrielle Anwar까지 가겠지만, 그렇게까지 하면 너무 멀어지니 대충 그 정도로 자르기로 하죠.

하여간 서먼, 웨슨, 폴리는 모두 단단하게 짜여진 광대뼈와 시원스럽게 뜬 큰 눈을 가진 사람들로, 이 사람들의 공통분모를 뽑아내면 하나의 마스크가 만들어질 수도 있을 거예요. 여기에 대충 우마 서먼 마스크라는 이름을 붙일 수도 있겠죠. 이 세 사람이 가진 각자의 개성은 없어도 분명 아름다운 어떤 것이 될 겁니다.

---

* 90년대에 유행했던 마약 중독자와 같은 초췌한 룩.

전철을 타고 용산역을 지나치면 오가는 군인들을 꽤 많이 볼 수 있습니다. 그 사람들을 보면 제복이라는 게 얼마나 사람들을 똑같이 만드는지 알 수 있지요.

그런데 그 개성 말살의 기능은 엉뚱한 역할도 합니다. 개성들을 뭉뚱그려서 사람들의 외모를 일정한 카테고리 안에 가두어버리는 거죠. 그 결과 우리는 똑같은 외모를 한 몇 명의 군인들이 십여 년 동안 나이도 먹지 않고 용산역 주변을 얼쩡거리는 꼴을 보게 됩니다. 이런 데자뷔 현상은 물론 당연한 거지만 그래도 기괴하다는 생각을 지울 수가 없어요.

세상에는 수십억 명의 사람들이 살고 있고 또 수천억의 사람들이 지금까지 태어났다 죽었겠죠. 지독한 기형이 아니라면 그 사람들은 대부분 눈 두 개에 코 하나, 입 하나, 귀 둘인 얼굴을 하고 있었고 또 있을 겁니다. 솔직히 말해 비슷비슷한 재료로 만든 그리 크지도 않은 얼굴이 달라봐야 얼마나 다르겠어요? 어딘가 우리와 아주 비슷한 얼굴을 한 사람들이 살고 있을 것이고 예전에도 있었을 거예요. 예전에 살았던 어떤 사람의 유전자들이 돌고 돌아 다시 저한테 와서 합쳐졌을지도 모를 일이지요.

우마 서먼이 자기 유전자를 먹이지 않았어도(설마 그런다고 정말 닮게 된다고 믿는 사람은 없겠죠?) 사라 폴리는 여전히 우마 서먼을 닮게 자랐을 겁니다. 여기서 우리는 왜 엘리나 뢰벤존Elina Löwensohn이 크리스틴 스콧 토머스Kristin Scott Thomas를 그렇게 닮았고, 모니카 벨루치Monica Bellucci가 왜 갈수록 이자벨 아자니Isabelle Adjani를 닮아가는가에 대한 고찰로 이야기를 더 연장할 수 있을 거예요. 하여간 할말은 간단합니다. 결국 우리는 전혀 특이한 존재가 아니란 말입니다.

III

마릴린 먼로는 자신이 출연한 영화만 남긴 게 아닙니다. 마릴린 먼로라는 하나의 틀을 남겼지요. 먼로의 죽음 이후 수많은 사람들이 먼로의 이미지를 모방해왔으며 또 지금도 모방하고 있습니다.

먼로뿐만 아니라 수많은 스타들이 자신의 틀을 남기고 죽습니다. 그런 것들은 루이즈 브룩스Louise Brooks식 헤어스타일처럼 독립적인 스타일의 일부로 남기도 하지만 많은 경우 그 사람 자체가 이미지로 남게 되지요. 대표적인 예로 제임스 딘을 보세요. 그는 여전히 많은 젊은 남성 배우들이 사용하는 틀을 제공합니다. 레오나르도 디카프리오 같은 요새 배우들이 제임스 딘식의 이미지에서 벗어나 있다고 생각합니까?

언젠가 패션 모델 크리스티 털링턴Christy Turlington에게 누군가 "자신이 누구를 닮았다고 생각하세요?" 하고 물은 적이 있었다나봐요. 털링턴은 잽싸게 레슬리 캐런Leslie

Caron, 오드리 헵번, 진 세버그Jean Seberg를 예로 들었죠. 물론 털링턴은 러버 페이스rubber face라는 자기 별명을 증명하듯 그들을 멋지게 모방하는 작업을 여러 차례 능숙하게 해냈지만, 그 사람은 그때 헵번, 세버그, 캐런을 마치 갈아입을 옷처럼 이야기하고 있었습니다.

결국 스타가 된다는 것은 자신의 개성을 특정 사회적·문화적 현상으로 보편화시킬 수 있는 능력을 갖게 된다는 말일 겁니다. 스타가 되었음을 확신하고 싶다면 뒤에 모방자들이 있나 알아보세요. 가장 간단한 체크 방법입니다. 만약 모방자들이 자신의 모방을 모방이라고 생각하지 않는다면 더 대단한 성공이고요.

이 경우, 스타가 연기해낸 연기 자체가 스타일에 압사당하는 문제가 발생합니다. 이미 「에덴의 동쪽East of Eden」에서 제임스 딘이 보여준 연기(그것도 아주 뛰어난 연기였는데)를 연기 자체로 보기는 상당히 힘들지 않습니까?

IV

사라 폴리는 분명 우마 서먼을 닮았지만 연기 패턴은 전혀 다릅니다. 사라 폴리의 방식이 보다 정통적이며 정교하죠. 얼굴이 닮은 건 어쩔 수 없지만 그렇다고 사람까지 따라가야 한다는 건 아니잖아요.

하지만 사라 폴리에 대해 이야기하는 사람들은 모두 그 사람을 '제2의 우마 서먼'이라고 합니다. 폴리 자신은 화도 좀 날 거예요. 그래도 모국인 캐나다에서는 자기한테 헌정된 노래까지 있을 정도로 국민적인 스타인 사람이 '제2의 아무개'라는 말을 들어야 한다니 얼마나 짜증날까요. 적어도 저 같으면 그랬을 거예요.

그래도 홍보 전문가들에게 '제2의 아무개'는 꽤 유용한 도구입니다. 이건 할리우드에서 계속 속편을 만들어대는 심리와 같죠. 원본만큼은 못하지만 그래도 꽤 본전을 뽑아낼 수 있는 도구인 겁니다. 그래서 세월이 흐른 뒤에 보면 상당히 엉뚱하게 느껴지는 캐치프레이즈들이 등장하기도 하죠. 마를렌 디트리히 Marlene Dietrich처럼 막강한 자기 개성을 과시하는 사람도 초짜 시절에는 '제2의 그레타 가르보 Greta Garbo'라는 말을 들었다는 걸 아세요?

지금은 디트리히를 제2의 가르보라고 부르는 사람은 없습니다. 디트리히 자신의 개성이 '제2의 아무개'라는 것으로 누르기엔 너무나도 강렬했기 때문이지요. 디트리히가 별로 가르보를 안 닮았다고요? 그렇다면 '제2의 비비언 리'로 시작한 엘리자베스 테일러는 어때요?

결국 여기서 사람의 가치가 드러납니다. 은퇴할 때까지 '제2의 아무개'라면 결국 그 사람은 능력이 없거나 능력을 펼칠 기회가 없었던 것이라는 말이 됩니다. 능력 있고 자존심도 있는 예술가라면 마땅히 자신이 모방작이 되는 것을 거부할 것이고 어쩌다가 비슷해진다면 일부러 멀리 달아날 겁니다.

이건 배우들에게만 해당되는 문제가 아니겠죠. 결국 스타일의 모방으로 끝나고 마는 다른 예술가들(예를 들어서 영화감독이라는 사람들)의 미래도 결코 길지는 못할 겁니다. 그들의 작품들이 표절이 아니라고 판명된다고 해도요.

따지고 보면 모두 자질 문제인 겁니다. 일본 문화가 개방되어서 표절이 어려워진다고 해서 요새 유행하는 스타일 모방의 영혼 팔기가 없어질 리는 없겠지요. 상황이 바뀐다고 해서 자신만의 무언가가 없는 사람들이 갑자기 그 무언가를 만들어낼 리는 없는 겁니다.

6. 마를렌 디트리히의 다리

다리 이야기나 하죠.

「푸른 천사 Der Blaue Engel」라는 영화가 있습니다. 마를렌 디트리히의 허벅지에 검열관이 칠을 했다나 어쨌다나 하는 이야기가 지금까지 전해오고 있습니다만…… 하여간 그래서인지 디트리히의 각선미에 대한 기억과 「푸른 천사」의 이야기는 늘 겹쳐집니다.

그런데 문제는 당시 사람들한테도 「푸른 천사」에 나온 디트리히의 허벅지가 그렇게 아름답게 보이지 않았다는 데에 있죠. "디트리히의 못생긴 허벅지를 위해 건배!"를 외쳤던 예술가 패거리들이 누구였는지 알면 이 인용의 신빙성이 좀 더 짙어질 텐데 유감스럽게도 기억나지 않아요. 하여간, 디트리히의 압도적인 외모가 완성된 건 그 사람이 할리우드에서 때빼고 광내고 한 뒤부터였습니다. 그 사람의 '전설적인 각선미(?)'가 완성된 것도 그 후였고요. 「푸른 천사」의 디트리히가 촌스러워 보이는 건 오히려 당연하다 하겠습니다.

다리 이야기 하나 더. 일 년 전인가 『뉴스위크』에 미의 기준에 대한 특집 기사가 실린 적이 있지요. 그때 그 기사를 쓴 필자는 보편적인 미에 대한 내용을 보완하기 위해 아름다운 다리에 대한 예가 하나 필요했어요. 그때 그 사람이 예로 든 사람은 바로 케이트 모스였답니다. 하지만 모스는 결코 완벽한 다리를 과시할 만한 사람은 아닙니다. 적어도 패션 모델 중에서 그리 뛰는 사람은 아니죠.

뭐 제가 이런다고 「푸른 천사」의 디트리히나 모스의 가치가 떨어질 리는 없겠죠. 내적인 미라든가 연기력 따위의 고상한 이야기를 하는 게 아니에요. 외면의 아름다움도 생각만큼 간단하지 않아서 36-24-34 따위의 간단한 숫자나 특정 신체 부위가 표준에 맞느냐 따위로 쉽게 결정되지는 않는다는 말이죠.

그런데 생각해보면 신기하지 않아요? 디트리히나 모스는 모두 자기 이미지를 팔아먹는 사람들인데 어떻게 다리 모양

「푸른 천사」의 마를렌 디트리히

같은 구체적인 사실이 그렇게 잘못 전달될 수 있을까요? 디트리히야 옛날 사람이니까 그렇다고 치더라도 모스 정도면 요새 돌아다니는 그 사람 사진만 모아 쌓아도 에펠 탑보다 높아질 텐데?

그건 우리가 사물을 보는 데에 눈보다 머리를 더 쓰기 때문입니다. 『뉴스위크』 기자의 사고 과정을 잽싸게 쫓아보죠. 날씬한 다리가 필요하다, 패션 모델 중에서 고르자, 그런데 모스라는 깡마른 모델이 있지? 그 결과 깡마른 몸과 날씬한

다리라는 두 요소가 잽싸게 결합되어 '케이트 모스의 보편적으로 아름다운 다리'라는 엉뚱한 결합물이 등장합니다.

　모스의 다리야 어찌 되건 무슨 상관이에요. 실제보다 예쁘게 보이면 좋죠. 하지만 우리들의 이런 기계적인 반응이 세상에 끼치는 영향은 그렇게 적지 않습니다. 몇 년 전에 있었던 「언더그라운드Underground」 소란도 마찬가지죠. 어떻게 그 양반이 영화를 보지도 않고 비판하는 글을 썼을까 물으신다면 만약 그가 무거운 몸을 이끌고 나와 영화를 보았다고 해도 글 자체는 달라지지 않았을 거라고 대답할 수밖에 없네요. 어느 정도 이슈가 되는 대상이라면 우린 일단 편부터 가르고 보니까요. 하긴 그래서 우리한테 시간이라는 것이 필요한 것이겠지만.

아카데미 시상식에 대한 잡담

1. 미라맥스 마케팅 옹호하기

아카데미는 '영화제'가 아닙니다. 같은 산업에 종사하는 사람들이 투표로 뽑는 영화상이지요. 아카데미한테 엉뚱한 불평을 하지 않으려면 이 점은 미리 알아두는 것이 좋습니다.

칸과 같은 영화제가 주는 상은 대부분 뚜렷한 개인적 성격을 가지고 있습니다. 심사위원들과 심사위원장의 이름이 적힌 리스트를 보면 '올해 영화제가 대충 어떻게 흘러가겠구나' 하고 대충 감을 잡을 수 있어요. 같은 칸이라도 「섹스, 거짓말 그리고 비디오테이프Sex, Lies, and Videotape」에 황금종려상을 주었던 빔 벤더스Wim Wenders의 칸과 「미션 The Mission」에 황금종려상을 주었던 시드니 폴락Sydney Pollack의 칸은 다릅니다.

수상 결과는 심사 위원단의 취향을 반영합니다. 칸이나 베를린의 상은 구체적인 개인 또는 소수 집단의 의지가 작동한 결과입니다. 그렇다면 우린 그들에게 책임을 떠안길 수 있습니다.

그러나 아카데미는 다릅니다. 아카데미는 곧장 말해 인기 투표입니다. 시드니 폴락은 「미션」에 상을 주려고 많이 고민하고 투쟁했을 겁니다. 하지만 인기 투표에 참여하는 사람들은 그런 고민 따위는 할 필요가 없습니다. 인기 투표란 스트레스 같은 건 없는 작업입니다.

그들은 대충 대세를 따릅니다. 1999년 제71회 아카데미에서 기네스 펠트로Gwyneth Paltrow가 받은 여우 주연상을 생각해보죠. 저도 펠트로가 그 영화에서 잘했다고 생각하지만 솔직히 말해 그 사람이 상 받은 게 그렇게까지 만족스럽지는 않습니다. 좀더 나이가 들어서 받았다면 펠트로 자신의 경력에도 더 도움이 되었을 거라고 생각해요. 사실 당시 후보자 리스트는 훨씬 인상적인 연기를 한 배우들로 가득하지 않았습니까?

그러나 분위기는 그렇지 않았습니다. 언젠가부터 그 동네에서 조성된 분위기는 "펠트로에게 여우 주연상을!"로 몰려가고 있었지요. 할리우드 사람들이 펠트로한테서 새로운 오드리 헵번을 발견해서 그럴 수도 있었겠죠. 누구 말마따나 영국 악센트로 말하는 유일한 미국인 배우여서 그럴 수도 있겠고요.

이런 것들은 구체적인 연기력 비교와는 상관없습니다. 펠트로의 수상은 의식적인 연기력 평가의 결과가 아닙니다. 이건 홍수나 조수와 같은 자연 현상에 가깝습니다. 투표단은 거대한 변형균처럼 그냥 움직인 겁니다.

자연 현상을 비난하는 건 허무한 일입니다. 그건 그냥 거기에 있습니다. 현명한 사람들은 조수를 비난하는 대신 조력 발전소를 세울 겁니다. 그리고 그게 할리우드 마케팅 담당자들이 하는 일이죠.

이건 정당하게 상을 받아야 하는 영화로부터 상을 빼앗는 것이 아닙니다. 아카데미에서 '정당'한 것은 그 영화의 인기도입니다. 만약 미라맥스Miramax가 열심히 투쟁해서 그 인기를 얻었다면 그네들이 상을 받는 건 정당하고 공정합니다.

하비 와인스타인 Harvey Weinstein이 수상하고 나서 진심으로 감사의 뜻을 표시한 사람들은 바로 그의 마케팅 담당자들이었습니다. 그들은 그런 말을 들어 마땅했습니다. 그해 아카데미 시상식장을 미라맥스의 뒷마당으로 만든 건 바로 그 사람들이었으니까요.

많은 사람들이 미라맥스의 마케팅에 거부감을 느끼고 있는 것도 사실입니다. 『엔터테인먼트 위클리*Entertainment Weekly*』의 평론가 타이 버 Ty Burr는 그해 아카데미 후보들을 예측하면서 될 수 있는 한 미라맥스 영화들을 구석으로 밀어내며 "투표단 사람들이 미라맥스의 마케팅 전략에 반발하게 될 것"을 그 이유로 삼았습니다(버의 코멘트는 DCN 중계 때 강한섭 교수에 의해 토씨 하나 바뀌지 않고 인용되었습니다).

하지만 버는 틀렸습니다. 승자는 여전히 미라맥스였습니다. 버는 투표단을 과대 평가했습니다. '반발'은 상당한 정신적 노동을 요구하는 작업입니다. 일반인 대다수는 그런 짓 따윈 하지 않습니다. 아카데미 투표단이라고 예외는 아닙니다. 그렇기 때문에 미라맥스가 수백만 달러를 들여 거대 마케팅을 벌이고 또 그게 여전히 먹히는 거죠.

그들을 비난할 필요는 없습니다. 그들은 대중 민주주의 체제 안에서 일반 정치가들이 하는 일을 훨씬 순수한 목적을 위해 하고 있을 뿐입니다.

2. 밀고자의 귀환

같은 해 아카데미에서 가장 화제가 되었던 것은 엘리아 카잔Elia Kazan의 평생공로상 수상이었습니다. 카잔이 위대한 감독이란 건 누구도 부인 못 할 사실입니다. 하지만 그는 매카시 열풍 당시 공산주의자였던 동료의 이름들을 의회 청문회에서 밝혔다는 전력 때문에 '밀고자'라는 낙인이 찍힌 터였죠.

시상식은 그래서 더 재미있어졌습니다. 시상식장 밖에서는 카잔의 반대파와 지지자들이 피켓을 들고 시위를 벌였고 시상식장 안에서도 기립 박수를 치는 사람들과 팔짱 끼고 앉아만 있는 사람들로 패가 나뉘기도 했어요.

하지만 뭔가 확 터지길 기대했던 사람들은 실망했을 겁니다. 식장 안에서 대단한 소란이 일어났던 것은 아니었으니까요. 소동에 비해 그 결과는 얌전한 편이었어요. 카잔 소동의 앙금이 아직 가라앉지 않고 있다는 느낌이 드는 것도 아마 그 때문일 거예요.

어째야 했을까요? 아카데미가 카잔에게 상을 준 것은 옳은 일이었을까요?

그게 답하기가 그렇게 쉽다면 거짓말이겠죠. 그러나 이 시상 자체가 좀 껄끄러운 건 사실입니다. 배반은 어느 문화권에서도 최악의 범죄로 여겨지는 행위니까요. 아무리 위대한 예술가라고 하더라도 여기에서 쉽게 빠져나갈 수는 없어요. 단테가 괜히 배반자들을 지옥 바닥에 두었겠습니까?

강한섭 교수도 말했듯이, 논쟁의 중심에 있는 것은 이데올로기가 아닙니다. 무리의 규율과 자체 법규가 중심이죠. 카잔을 비난하는 사람들은 그가 공산주의자를 밀고했다는 이유 때문이 아니라 그가 동료들을 밀고했다는 이유 때문에 그를 비난하고 있는 겁니다. 당시 할리우드가 공산주의 판이었고 카잔이 자본주의자들을 고발했어도 사정은 달라지지 않았을 겁니다.

카잔의 배반은 결코 아름다운 일이 아니었습니다. 많은 사람들이 그 때문에 다쳤지요. 카잔의 리스트 때문에 고초를 치른 에이브러햄 폴론스키 Abraham Polonsky 같은 사람들이

엘리아 카잔

"누군가 그를 사살해주었으면 좋겠다"고 떠들고 다니는 건 당연합니다. 하지만 용감한 자를 찬양하는 것과 같은 수준으로 우리가 나약한 사람들을 비난해야 한다고 생각하지는 않습니다. 그건 전적으로 불공평한 기준입니다. 평범한 사람들은 대부분 나약한 사람들입니다. 그 때문에 용감한 행동들이 더 존중을 받는 거죠.

카잔의 행동은 나약함의 표출이었습니다. 그의 나약함을 비난하기는 쉽지만 외국인이었던 그가 할리우드에서 결코 유리한 위치에 있는 사람이 아니었다는 것을 잊어서는 안 됩니다.

생각해보세요. 할리우드에서 영화를 만드는 일에 전생애를 건 사람에게 계속 입 다물고 있으면 추방해버린다는 협박이 끊임없이 날아든다면? 대실 해밋Dashiell Hammett이나 험프리 보가트Humphrey Bogart 같은 사람들은 위에서 아무리 을러대도 잃을 게 별로 없었습니다. 보가트 같은 스타를 건드릴 사람은 없고 해밋 같은 작가야 어디서건 글을 쓸 수 있지요. 하지만 카잔의 경우는 달랐습니다.

조셉 로지*나 찰리 채플린처럼 달아날 수도 있지 않았냐고 물으신다면, 글쎄요…… 채플린이나 로지의 선택도 결코 쉬운 건 아니었을 겁니다(아까도 말했지만 그들이 존경받는 이유도 그 때문입니다). 카잔에게도 마찬가지였겠지요. 당시는 어려운 선택을 요구하는 시대였습니다. 카잔은 거기에서 별로 아름답지 못하게 걸려 넘어졌던 겁니다.

카잔의 진짜 실수는 배신 행위가 아니라 자신의 배신 행위를 지금까지 정당화해왔다는 데 있습니다. 그 때문에 그는 자신의 과거에 걸려 꼼짝도 못 하는 지경에 이르렀지요. 이 역시 이해 못 할 일은 아니지만 그가 자기 잘못을 시인했다면 이런 소동까지는 없었을 겁니다.

시상식 때 몇몇 사람들은 카잔의 공로상이 그가 사죄할 좋은 기회일지도 모른다고 생각했습니다. 하긴 그렇게 했다면 결과는 꽤 감동적이었을 거예요. 카잔도 동정을 더 얻었을 거고요.

그러나 그런 일은 일어나지 않았습니다. 하긴 일어날 리도 없었지요. 반세기 동안 자기 행동을 정당화해온 사람에게 그런 일은 정말 힘들 겁니다. 오래 전부터 자신의 변명을 믿고 있는지도 모르죠. 시상식 당시의 어정쩡한 안티 클라이맥스는 예고된 것이었습니다.

---

* Joseph Losey: 1909~1984, 미국의 영화 감독.

스노비즘과 똥폼, 가짜 개성

1. 시네 스노비즘

'시네 스노비즘 Cine Snobbism'이라는 거창한 제목을 달았는데, 그렇다고 해서 여기에 심각한 의미가 있다고 오해하지는 마시기 바랍니다. '시네 스노비즘'이라는 지독하게 스노비시한(심지어 '스노비시한'도 스노비시하기 짝이 없는 표현이지만 유감스럽게도 선택할 만한 다른 표현이 없습니다) 표현은 단지 우리가 이 땅에서 영화를 보고 영화에 대해 이야기를 나누면서 가장 쉽게 접하게 되고 또 가장 크게 영향을 받는 어떤 요소에 대해 이야기하기 전에 그 요소를 잠시 '영화'라는 테두리 안에 가두기 위해 도입한 임시 명칭일 뿐입니다. 사실 벌써 이렇게 주저리주저리 떠들면서 이 명칭이 맡아서 해야 할 일을 제가 벌써 해버렸으니 이 표현을 더 쓸 이유도 없습니다. 고로 '시네'는 잽싸게 빼버리고 본론으로 들어가기로 하죠. 도대체 '스노비즘'이 뭡니까?

제가 여기에서 "스노비즘은 ……이다" 어쩌구의 간단한 정의를 내놓는다면 지금도 어딘가에서 땀 빼며 고생하고 있을 사전 편찬가들의 전문성과 노고를 무시하는 일이 될 것입니다. 그만큼이나 이 단어는 다양하게 또 모호하게 쓰이고 있습니다. 하지만 정확한 사전적 정의는 포기하더라도 그 비슷한 것을 임시 방편용으로 만들어낼 수는 있습니다.

　스노브 Snob라는 단어의 어원에 대한 가장 그럴듯한 설명은, 라틴어 sine(영어로 without)와 nobilitate(영어로 nobility)가 결합되었다는 것입니다. 이 단어의 공식적인 명명자라고 할 수 있는 윌리엄 메이크피스 새커리 William Makepeace Thackeray는 이 무시무시한 말을 19세기초 영국 상류 계층 학교의 학생들 사이에서 통용되던 은어로부터 끄집어냈다고 합니다. 케임브리지의 한 학생은 자기 계층에 속할 만한 체면을 갖추지 못한 학생이나, 특히, 당시 겉으로는 내색을 안 하면서 은근히 좋아하고 그것을 흉내내려는 불쌍한 부르주아 학생들을 스노브로 취급했다고 합니다. 물론 새커리의 정의는 그것보다 훨씬 넓어서 결국 그네들을 놀려대던 잘난 학생까지 스노브의 무리 안에 들어가버리고 말았지만요.

　제가 지금 이 글을 쓰면서 참고 자료로 쓰고 있는 필립 뒤퓌 드 클랭샹 Philippe du Puy de Clinchamps의 책에서는 몇 가지 예를 더 들고 있는데, 대충 무시하고 본론으로 넘어가기로 합시다(솔직히 말해 책의 표현 일부가 저한텐 모호하기 짝이 없어서 잘못 인용할까봐 겁이 납니다).

저는 아직도 스노브가 무엇인지 정의하지 못합니다. 하지만 몇 가지 중요한 스노브의 특성을 언급하면서 여러분에게 이 단어의 뉘앙스를 짐작하게 할 수는 있습니다. 그 특성이란, 과시성, '척'하는 태도, 자기 만족성입니다. 한마디로 말해, 우린 '잘난 척' '아는 척'하는 사람들을 야유하기 위해 이 스노브라는 단어를 사용합니다(종종 번역어로 사용되는 '속물'이라는 단어는 쓰지 않기로 하겠습니다. 리코더가 피리가 아닌 것처럼 스노브는 속물이 아닙니다. 이런 무책임한 역어는 오히려 언어의 혼란을 일으킬 뿐입니다).

아까 저는 스노비즘이 우리가 이 땅에서 영화를 보고 영화에 대해 이야기를 나누면서 가장 쉽게 접하게 되고 또 가장 크게 영향을 받는 요소라고 말했습니다. 물론 어느 나라의, 어느 시대의 문화 향유자들 사이에서도 스노비즘은 일상적이지만, 우리나라와 같은 곳의 영화 문화 속에서 특히 더 번식력이 강합니다.

이유는 흐르는 물처럼 당연합니다. 사실 '흐르는 물'은 단순한 은유 이상의 것입니다. 둘은 같은 물리 법칙을 따르고 있습니다. 고지대에 A 저수지가 있고 저지대에 물이 마른 B 저수지가 있다고 칩시다. 둘을 연결하면 A 저수지의 물이 B 저수지로 내려옵니다. 그런데 물만 내려올까요? 아뇨, 에너지가 생깁니다(보다 정확히 말하자면, 위치 에너지가 운동 에너지로 전환되는 것입니다). 고로 근처에 영리한 사람이 있다면 그 수로에 물방앗간이라도 하나 만들어서 방아라도 찧을 겁니다.

여기서 물은 최신 유행, 지식, 문화 상품, 기타 등등 어떤 것이든 다 될 수 있습니다. 그리고 스노브들은 언제나 수로에 있습니다. 그들에게 중요한 것은 물 자체(또는 유행, 지식, 문화 상품)가 아닌 에너지이기 때문입니다.

물 비유를 집어던지기 전에 한 번만 더 써먹겠습니다. 물방앗간의 효율성은 수로의 너비에 따라 달라집니다. 수로가 좁을수록 수압이 높아서 효율성도 따라 높아지죠. 물론 아주 아주 좁아서 물이 찔찔 새어나올 정도라도 쓸모 없는 건 마찬가지지만요.

그렇다면 스노브들이 가장 잘 번성하는 조건이 나옵니다. 본체의 유입은 힘들지만 적어도 그 이름 정도는 들어와 욕구를 조성할 정도는 되어야 한다는 거죠.

생각해보세요. 이게 바로 우리의 몇 년 전 상황이 아닙니까? 쉬크해지기 위해 봐야 할 영화는 대부분 외국 영화고, 그런 영화에 대한 정보도 구하기 쉽지 않고, 구하려고 해도 언어 갭이 있고, 게다가 책을 읽었다고 쳐도 정작 영화를 볼 수 있는 기회는 적고…… 스노브들이 기승을 부린다고 해도 이상할 게 하나도 없는 겁니다!

한국판 『프리미어 *Premiere*』 98년 4월호를 넘기다가 편집

장이 모 영화평론가한테서 들었다는 흥미진진한 고백을 읽었습니다. 한번 인용해보기로 하겠어요.

이젠 영화에 있어서는 전문가나 마니아가 없어진 것 같지 않소? 왜, 예전에는 누가 영화에 대한 정보를 빨리 얻는가에 따라 그런 층이 존재할 수 있었는데, 지금은 정보 공유 시대가 되었잖우. 인터넷에 들어가면 지금 촬영 중인 세계 영화가 한눈에 쫙 들어오지, 게다가 이리저리 얽어서 부대 정보까지 주지…… 이젠 누구나 영화 전문가가 될 수 있는 시대가 되었소 그려, 특히나 마니아라고 자처하던 층에서는 이런 현상에 당혹감마저 느끼는 것 같소, 참.

이분의 솔직한 고백을 좀더 읽기 쉽게 번역하면, 지금까지 평론 또는 마니아 현상이라고 여겨졌던 것들 중 상당수가 스노비즘에 불과했다는 말이 됩니다. 마니아라는 자의식이 대상에 대한 애착보다 크면 그건 스노비즘이니까요(웃! 그만 정의를 해버렸군요!).

고급 스노브들은 상당히 위험한 재주를 부리는 사람들입니다. 정보의 독점은 그들의 가치를 상승시키지만 그 독점을 과시하기 위해서는 그 정보를 보급해야 하니까요. 따라서 그들이 정보를 보급하면서도 독점을 잃지 않으려는 모순된 행동을 하는 동안 기묘한 스트립 쇼들이 탄생합니다. 구체적인 예는 언급하지 않겠습니다. 여러분도 이미 여러 번 경험해서 알고 있을 것이기 때문입니다.

물론 여러분은 그 결과도 알고 있습니다. 이 스트립 쇼들을 통과하는 동안 정보들은 단지 정보로만 남고 정보 공유를 통한 다음 단계의 발전은 끝없이 유보됩니다. 생각해보세요. 이 나라 문화계에 페미니즘 열풍이 그렇게 요란하게 일었으니 지금쯤은 뭔가 의미있는 결실이 나왔어야 했습니다. 그런데 정말 그렇습니까? 오히려 반대죠. 우리가 수입한 건 주로 겉껍질이었고, 페미니즘에 대해 떠드는 사람들 대부분이 죽어라 폼을 잡아대느라 정작 생산성에는 신경도 쓰지 않았거든요. 진짜 투쟁하고 싸우는 사람들은 그 똥폼 안에 묻혀버렸습니다.

게다가 계급 갈등까지 발생합니다. 종종 통신망 게시판을 통해 간헐적으로 터져나오는 평론가나 마니아에 대한 일반 대중들의 반감도 그들이 그네들의 의견에 동의하거나 동의하지 않기 때문이 아니라 순전히 그들의 자존심이 긁히기 때문입니다. 당연한 현상이지만 좋은 현상도 아니죠(언젠가 『키노』에서, "우리는 영화를 지나치게 사랑하기 때문에 비난받는다"라는 글을 읽은 적 있습니다. 슬프게도 그들은 완전히 방향을 잘못 잡고 있습니다. 『키노』를 욕하는 사람들은 『키노』가 영화를 지나치게 사랑하기 때문에 욕하는 게 아닙니다. 그네들의 현학적인 말투가 맘에 안 드는 것뿐입니다. 그건 영화 사랑의 정도나 주장의 당위성, 글의 질과는 전혀 상관없습니다. 순전히 정치적 수완과 설득력, 취향의 문제지요).

어떻게 해야 할까요? 순수한 스노브를 찾아 헤매거나 누군가를 순수한 스노브라고 낙인 찍는 것은 바보스럽습니다. 어느 누구도 그렇게 철저한 스노브가 될 수는 없습니다. 그건 '순수한 이기주의'만큼이나 현실에서 떨어져 있습니다. 적어도 여러분의 친구들 중 한 명이 세르게이 에이젠쉬쩨인 Sergey Eisenstein이나 듀샹 마카베예프 Dusan Makavejev 같은 사람들의 이름을 주절거리며 아는 척을 한다면, 그건 그 친구가 스노브라는 말도 되지만 그 사람이 영화에 대해 관심이 있고 좋아한다는 말도 됩니다.

자신의 스노비즘을 부인하거나 스노비즘을 무시하는 것도 그만큼이나 바보스러운 일입니다. 스노비즘의 뿌리는 인간의 역사보다 오래되었습니다. 군함새의 부풀린 목만큼이나 오래되었죠. 그것은 똥폼의 일부거나 똥폼의 친척입니다. 우리들 중 어느 누구도 거기서 벗어날 수 없습니다.

이해 못 하시는 분이 있다고 우기면서 외쳐보기로 하죠. 스노비즘은 생존 전략입니다! 자신을 부풀리지 않으면 이 무시무시한 세상에서 살아남지 못할 수도 있습니다. 따지고 보면 스노브들은 가장 기본적인 생존 본능에 따라 행동하는 것입니다. 정말로 알맹이가 있다면 '척'할 필요도 없겠지만, 모두에게 알맹이를 쌓으라고 하는 주장은 알맹이 있는 운 좋은 사람들의 거만한 자기 과시에 불과합니다. 저희처럼 운 없는 사람들은 주어지지도 않는 알맹이 대신 허세라도 있어야 하기 때문입니다.

게다가 스노브들이 유해하기만 한 것은 아닙니다. 저 자신역시 상당한 골수 스노브라고 생각하기 때문에, 여기서부터스노브 예찬까지는 아니더라도 스노브 존재 옹호론을 끌어들여 동족들의 존재 가치를 주장하는 데 일조하는 것도 유익한 일이라고 생각되는군요.

일단 스노브들은 우리네 삶의 질을 확장시킵니다. 대부분의 고급 스노브들은 정보와 문화의 첨단, 또는 그 근처에 서있기 때문입니다. 예를 들어 지금은 우리나라에도 거의 보편적인 인권 운동으로 자리잡은 동성애자 인권 운동을 봅시다. 게이 인권 운동가들이 기본적인 양식과 지식만으로 싸워왔다면 그게 지금 수준까지 올라왔을 것 같습니까? 어림없습니다. 그건 다 지금까지 우리 같은 스노브들이 『셀룰로이드 클로젯 *The Celluloid Closet: Homosexuality in the Movies*』* 같은 뻔한 책 한 권 달랑 읽은 것을 밑천 삼아, 지금까지 죽어라 아는 척을 해대며 바람을 잡아왔기 때문입니다. 아시겠습니까? 쉬크해 보이는 것은 공정성과 정의보다 몇 배나 더 보

---

* 1920년대부터 80년대까지 게이 이미지를 다룬 비토 루소Vito Russo의 책. 로버트 엡스타인Robert Epstein과 제프리 프리드먼Jeffrey Friedman에 의해 영화화됨.

급에 중요한 것입니다.

게다가 그들이 제대로 일하고 있을 때에는 정보 보급이 빨라집니다. 스트립 쇼에 실력이 없는 스노브들은 밑천이 떨어지면 잽싸게 새 유행을 수입하고 퍼트리는 데 앞장서니까요.

재즈 열풍이 그 대표적인 예였습니다. 이미 그 열풍은 지나갔지만, 그 결과 수많은 재즈 팬들이 생겼고 기존 재즈 팬들에게도 훨씬 만족스러운 환경이 조성되지 않았나요?

영화에 대한 예를 들어보라고 한다면 예전에 『키노』에 실려 한동안 많은 사람들을 들뜨게 했던 공포 영화 리스트가 있습니다. 그 리스트의 방대한 내용에 감동한 공포 영화 팬들은 허겁지겁 비디오를 구해 보거나 상영회를 열었는데, 그 결과 그들은 그 리스트의 내용 중 상당수가 보지도 않은 영화에 대한 자료를 그냥 베낀 것이며, 그 결과 발생한 수두룩한 오류가 분 단위로 떨어진다는 걸 알고 열받기 시작했죠. 하지만 그들이 식견을 늘리고 자기 생각을 쌓아올린 것 역시 그 스노비시한 리스트 때문이 아니었습니까? 결국 아무도 손해본 사람은 없었던 겁니다.

가장 중요한 것이 아직 남았습니다. 스노브들은 예술가들을 먹여 살립니다. 스노브들이 없었다면 수많은 아트 영화 제작자들은 파산합니다. 우리나라에서도 종종 일어나는 아트 영화의 스매시 히트도 스노브들이 아니었다면 일어날 리가 없습니다. 「희생 Offret」을 보았다는 10만 관객들이 다 타

르코프스키 Andrey Tarkovsky가 좋아서 봤겠습니까? 스노브
들은 개인적인 예술가들이 낙오되지 않도록 돕고 그 결과 우
리의 예술 환경은 더 풍요로워집니다. 물론 그네들이 다 그
작품들을 이해하고 좋아해주기까지 하면 더 좋겠지만 그건
너무 사치스러운 기대입니다.

　그렇다면 대충 이 글을 마무리지을 수 있는 방법이 떠오르
기 시작합니다. 인정할 것은 인정하고 대충 길을 찾아야 한
다는 거죠. 자신이 스노브라는 것을 인정하면 스노브들의 허
세는 줄어들고 생산성은 높아집니다. 우리가 다른 스노브들
의 존재를 인정한다면 우리의 자존심이 긁힐 가능성도 낮아
집니다. 결국 공존과 자기 인정이 일차적인 해답입니다.

2. 살아남은 똥폼들

「카사블랑카 Casablanca」의 주인공 릭은 참으로 쩨쩨한 캐
릭터입니다. 당연한 이유로 떠난 여자가 당연한 이유로 돌아
와서 당연한 목적으로 도와달라고 하고 있는데 옛정을 생각
해서 돕기는커녕 유리한 입장에 있다는 이유 하나 가지고 좀
쌀영감처럼 쫀쫀하게 구는 걸 보세요. 어떻게 이런 인간이
영화사상 가장 인기 있는 주인공이 되었을까요?

　아무래도 그가 영화 내내 잡아대는 똥폼 때문이라고 하지

않을 수 없습니다.

똥폼이란 무엇일까요? 놀랍게도 제가 막 책장에서 끄집어낸 『에센스 국어 사전』에는 이렇게 자주 쓰이는 단어에 대한 정의가 들어 있지 않습니다. 하지만 여러분이나 나나 이 단어가 무슨 뜻인지는 알고 있습니다. 즉석에서 사전용 정의를 만들어낸다면, 똥폼이란 '자신을 실제 이상으로 부풀리기 위해 의식적으로 취하는 제스처'입니다.

똥폼이라는 것이 언제 시작되었는가를 따지기 시작하면, 우린 쉽게 인류 역사를 넘어서게 됩니다. 똥폼은 인류가 태어나기 훨씬 이전에 발견된 가장 원초적인 생존 방식 중 하나이기 때문이죠. 지금도 수많은 동물들이 짝짓기를 위해, 천적들로부터 목숨을 부지하기 위해 다양한 똥폼들을 사용하고 있습니다. 짝짓기 계절에 군함새 수컷들이 붉은 목을 부풀려대는 모양을 보세요. 주윤발이 코트 자락을 바람에 날리는 것과 뭐가 다른가요? 깡패 세계에서 똥폼이 그렇게 애호되는 것도 당연하다고 하겠는데, 그 세계 역시 동물의 왕국과 별다를 게 없어서, 모든 종류의 원초적 생존 방식을 다 동원하지 않으면 쉽게 도태되기 때문입니다.

영화계는 어떤가요? 적어도 수많은 남자 배우들에게 똥폼은 군함새의 붉은 목만큼이나 중요합니다. 따지고 보면 똥폼은 매우 영화적인 도구라고 할 수 있어요. 똥폼이란 게 순전히 이미지 게임인데, 영화야말로 이미지 빼면 시체인 장르가

「첩혈쌍웅」의 주윤발

아닌가요? 주윤발이, 총이라도 한 방 더 쏘지 않으면 목이
날아갈 다급한 상황에서도 필사적으로 코트 안에 바람을 집
어넣는 것 역시 이렇게 생각하면 오히려 당연한 일입니다.
윤발이가 가짜 총을 쏜다고 해서 진짜로 사람이 죽는 건 아
니지만 코트 자락에 바람이 들어가면 배우 하나가 '정말로'
뜨니까요. 저로서는 왜 남자 배우들이 우거지상을 하고 슬로
모션으로 어깨에 힘을 주는 게 그렇게 인기인지 모르겠지만,
제가 이해를 하건 못 하건 사실은 사실이며 그 중요성을 부
인할 수도 없습니다.

고로 남자 배우들의 똥폼이 세월의 풍파를 견디고 지금까
지 버텨왔던 것도 이상한 일은 아닙니다. 물론 스타일은 바

험보리 보가트의 똥폼

꿰었지요. 험프리 보가트의 무표정한 얼굴과 딱딱 쏘아대는 스타카토식 발음은 제임스 딘의 우거지상, 브래드 핏 Brad Pitt의 장발 흔들기를 거쳐 레오나르도 디카프리오의 '현대판' 로미오까지 이르게 됩니다. 그러나 기본은 같습니다. 자신을 실제 이상으로 부풀려 멋있는 척하는 거죠.

시간을 들여 이러한 똥폼의 변천 과정을 심각하게 음미하는 것도 가치 있는 일일 겁니다. 그러나 지금은 그만두기로 하죠. 전혀 다른 이야기를 하려고 하기 때문입니다.

유익한 질문을 하나 해보죠. 험프리 보가트와 제임스 딘이 잡아대는 똥폼들은 여전히 수많은 관객들에게 유효합니다. 그런데 왜 「맨발의 청춘」에서 신성일 아저씨가 잡아대는 똥폼은 웃기기만 할까요?

신성일 아저씨의 건들거리는 연기와 '멋있어 보이려는' 성우 아저씨의 연기가 웃겨서? 하지만 원래 똥폼이란 웃기는 겁니다. 「동물의 왕국」을 보세요. 군함새의 불룩거리는 빨간 목과 같은 동물들의 다양한 똥폼들은 언제나 좋은 코미디 소재입니다. 보가트의 가짜 저음이나 주윤발의 성냥개비 씹기도 결코 신성일 아저씨에 뒤지지 않게 웃깁니다. 그런데 왜 신성일 아저씨는 먹히지 않을까요?

해답은 슬프지만 간단합니다. 옛 한국 영화들은 오래 전에 현대 관객들과 연결 고리를 상실해버렸습니다. 세계 관객들은 「카사블랑카」를 끊임없이 보고 또 보면서 보가트의 똥폼에 길들여져왔습니다. 하지만 우리는 「맨발의 청춘」에 길들여질 기회를 갖지 못했습니다. 친숙함이 사라진 똥폼이 웃기기만 한 것은 당연한 일입니다. 똥폼은 하나의 선언이며 이런 선언은 그 언어를 이해하는 관객들을 대상으로 한 것이기 때문입니다.

김기영 붐이 영화광들에 의해 조성되고 있고 옛 한국 영화들을 재평가하는 작업이 진행 중이지만 이미 그들은 대중에게 '죽은 영화'들입니다. 그리고 앞으로도 그들이 부활할 가능성이 있는지도 모르겠어요. 저 자신을 예로 들어도, 「오발탄」의 세계로 들어가는 것은 「카사블랑카」나 「천국의 아이들 Les Enfants du Paradis」의 세계로 들어가는 것보다 몇 배나 어렵기 때문입니다. 결국 우리는 허리 잘린 관객들인 셈입니다.

지금은 최민수가 끊임없이 똥폼의 행진을 걷고 있고 앞으로 이정재가 보여줄 똥폼들도 눈에 휜한데, 이 크고 작은 똥폼들이 과연 미래의 관객들에게 어떻게 다가올지 궁금하지 않을 수 없군요. 만약 그들이 미래의 관객들까지 기만할 수 있다면 우리 세대의 영화가 그때까지 버텼다는 말이겠지요.

3. 의식적으로 튀기

남남이 분명한 두 남녀가 지하도 양쪽에서 타박타박 걸어옵니다. 그러다 둘의 눈이 마주치는 순간 짠! 둘은 갑자기 탱고를 추다가 다시 태평스럽게 헤어집니다. 여기까지는 괜찮습니다. 그러나 그뒤의 멘트가 잘 나가던 광고의 맥을 빼놓는군요. "뭐 어때?"

누가 물어보기라도 했나요? 그런데도 왜 이 아가씨는 "뭐 어때?"라는 말을 선언하다시피 내뱉어야 하는 걸까요?

답: 그토록 자유롭게 보이던 탱고가 실제로는 그렇게 자유로운 일이 아니었기 때문입니다. 이 광고 속에서 탱고는 마음속에서 우러나온 자연스러운 행동이 아니라 어떻게든 튀어야 한다는 필사적인 노력의 결과가 우연히 맞아떨어진 셈입니다. 따라서 탱고가 끝난 뒤에 정치적인 선언이 뒤따라야 했던 것이죠. "뭐 어때?" 번역하면 다음과 같습니다. "나는 생판 모르는 남자와 만나서 탱고를 출 수 있는 사람이야. 나는 사람들의 시선이 두렵지 않아. 나는 아무리 이상하게 보이는 일이라도 내가 하고 싶은 일이라면 한다. 나는 생각과 행동이 '자유롭고' 그 때문에 매우 '튀는' 사람이다!"

그러나 그 사람이 정말로 행동과 생각이 자유롭고 남의 시선이 두렵지 않은 사람이라면 탱고를 춘 뒤에 아무런 생각 없이 그냥 갈 길을 갔을 겁니다. "뭐 어때?"는 답변입니다. 아무도 없는 지하도에서도 그 사람은 가상의 시선을 의식하고 있었던 거죠. 그런 식으로 더 나가다가는 그 사람, '튀는 행동들'로 인한 스트레스가 쌓여 입원하고 말 겁니다.

한동안 우리나라의 젊은 영화들이 모조리 스텝 프린팅을 사용하는 것처럼 보일 때가 있었습니다. 분명히 시각적으로 튀자는 행동이었지만, 뻔한 모방이라는 건 둘째로 쳐도, 그 영화들을 묶어놓으면 구분도 가지 않았습니다. 황당한 옷을 입고 텔레비전에 나와 5분 간 노래를 부르며 몇몇 원시적인 춤 동작을 선보이고 나가는 요새 가수라는 사람들 역시 튀려고 무진장 노력했을 것입니다. 하지만 저 같은 사람은 그네들을 섞어놓으면 구분하지도 못합니다. 길거리로 나가보세요. 스트리트 패션이 이렇게 찬란하게 지루한 나라도 드뭅니다. 왜 튀자고 기를 쓰는 사람들로 가득 차 있는데도 그 결과가 이리 부실한 걸까요.

답: 개념 착오 때문입니다. 이 나라에서 '튀는 행동'은 정말로 튀는 행동이 아니라 튀려는 일반 집단으로부터 탈락되지 않기 위한 발버둥이기 때문입니다. 이 역시 생존을 위한 필사적인 스노비즘인 거죠.

진짜로 튀려는 사람들은 튀려고 노력하지 않을 겁니다. 그게 그 사람들의 본성입니다. 그 사람들은 의식적으로 튀려는 데 시간 낭비할 필요 없이 자기 작업의 질적 향상에 더 신경을 집중할 수 있겠지요. 하지만 튀려는 일반 집단 사람들은 튀려는 데에 정신이 팔려 정작 자기 일의 수준까지 깎아먹고 맙니다.

튀는 일은 튀는 사람들에게 넘겨줍시다. 그게 세상이 흘러가야 할 방식입니다. 하지만 암담하지요? 남 따라 튀기라도 해야지, 그러지도 못한다면 다양성 부족으로 꽉꽉 막힌 이 지루한 나라에서 어떻게 살아남으라는 말입니까.

주변에서 살아남기

1. 메리 리처즈 Mary Richards의 모자 던지기

I

아직도 메리 타일러 무어 Mary Tyler Moore의 모자 던지기가 '쉬크한' 제스처라는 사실이 놀랍지 않나요? 올해만 해도 이 유명한 제스처를 흉내내는 장면을 두 번이나 보았습니다. 「언지프 Unzipped」에서 아이작 미즈라히 Isaac Mizrahi가 그랬고 「엘렌 Ellen」의 오프닝에서 엘렌 드제네레스 Ellen DeGeneres가 그랬죠. 후자의 경우, 원조인 메리 타일러 무어가 직접 등장해서 레슨까지 해주었습니다.

모두 다른 분위기의 장면이었지만 그 경건함과 애정만은 동일했습니다. 그런데 「메리 타일러 무어 쇼 The Mary Tyler Moore Show」가 언젯적 프로그램인가요? 종영된 해인 77년으로 계산해도 벌써 20년 전 쇼입니다. 어떻게 이렇게 구닥다리 프로그램에 대한 애정이 이리도 오래 지속될 수 있는 것일까요?

몇 가지 답이 있습니다. 지금은 앞의 글에서 언급했던 걸 살짝 비틀어서 다시 써먹기로 하죠. '새것'은 언제나 새로 만들어진 것을 의미하지는 않습니다. 한 개인에게 '새것'은 그 사람이 처음으로 접한 것 이상은 아닙니다. 따라서 일정한 질을 유지하고 있고 지속적인 보급만 이루어진다면 옛 작품들은 상당히 긴 수명을 유지하며 새 독자/관객/시청자를 얻을 수 있죠(그렇지 않았다면 『어린 왕자』가 그렇게 오랫동안 여러 출판사를 먹여 살리지 못했겠지요). 그리고 옛 프로그램의 재방송으로 방영 시간을 채우려는 방송국들이 전국에 우글거리는 미국과 같은 나라에서는 이런 보급이 정말로 가능합니다.

그렇다면 우리에게도 희망은 있나 봅니다. 그래도 케이블 TV가 있고 앞으로 채널의 수는 점점 늘어만 갈 겁니다. 그렇다면 우리 시청자들이 「아씨」나 「청실홍실」을 다시 보면서 질질 짜는 일이 일어날 수 있을까요?

미안하지만 어림 반푼어치도 없습니다. 그게 말도 안 되는 소리라는 건 여러분도 알죠. KBS에서 「아씨」를 리메이크해서 방영했던 때를 기억해보세요. 명성에 비해 참으로 빈약한 시청률이었지만 때맞추어 몰아친 IMF 파문이 없었다면 그 정도도 못 나왔을 겁니다. 한마디로 요새 관객들에게 '감'이 안 왔기 때문이지요. 기본 정서부터가 다릅니다. 몇십 년 기억 상실은 상당히 치명적인 것입니다.

그러고 보니, 우리의 대중 문학은 참으로 수명이 짧습니다. 한때는 장안의 지가를 올리던 『자유 부인』과 같은 소설들을 요새 누가 읽겠어요? 주말 저녁마다 시청자들을 집 안에 붙들어매놓았던 TV 드라마들은 다 어디로 갔습니까? 요샌 누구도 「맨발의 청춘」을 「카사블랑카」만큼 진지하게 보려 하지 않습니다. 결국 남은 것은 그나마 보존이 쉬웠고 정보량이 적으며 다양한 방식으로 지속적 향유가 가능했던 몇몇 유행가들이 전부인 것 같아요.

이걸 보고 잘잘못을 따지는 것은 바보스럽습니다. 꼭 누구의 잘못이라고 할 것도 못 되니까요. 사정이 그러니까 그냥 그렇게 된 거죠. 몇 개 되지도 않는 방송국들이 닳아빠진 옛 드라마들을 재방송 안 해주었다고 뭐라고 할 수는 없습니다.

II

물론 「만추」나 「아리랑」과 같은 우리 영화의 고전을 잃어버린 것은 정말로 억울하고 분통터지는 일이며, 그건 앞 세대의 근시안적이고 편협한 문화 행정의 잘못입니다. 그러나 만약 그런 옛 영화들이 잘 보존되었다고 하더라도 옛 세대와 요즘 세대의 갭은 그대로 남았을 겁니다.

여기서 「메리 타일러 무어 쇼」와 「맨발의 청춘」을 비교하는 또 다른 답이 나갑니다. 「메리 타일러 무어 쇼」는 독자적인 문화 환경 속에서 만들어진 독자적인 쇼입니다. 미국의 70년대는 그냥 그들의 70년대이며 지금까지 길게 이어지는 긴 문화적 흐름의 일부입니다. 그리고「메리 타일러 무어 쇼」는 그런 문화를 구성하는 상당히 큰 덩어리입니다. 하지만 우리는 그 문화를 밖에서 물려받습니다.「맨발의 청춘」이 쉬크해지려고 발버둥치면서 끌어당긴 것들은 상당수가 물 건너서 온 것들입니다. 기억 상실은 당연한 일이었죠. 우린 필립 K. 딕Philip K. Dick의 소설 주인공처럼 남의 기억으로 뇌를 채우고 있었으니까요. 쉽게 삭아가는 우리의 문화적 과거를 대신해 우리 기억을 채웠던 것은 '그들의 70년대' '그들의 60년대'였습니다.

고유의 스타일은 생각만큼 쉽게 낡지 않습니다. 쉽게 낡는 것은 모방자들과 원조들보다 재능 없는 2차 수용자들입니다. 옛날 사진들을 보면서 그 당시엔 참으로 쉬크하게 느껴졌던 옷들이 얼마나 촌스러워 보이는지 알아차리고 얼이 빠진 적 있습니까?「티파니에서 아침을Breakfast at Tiffany's」 같은 옛날 할리우드 영화들을 보면서 이미 3, 40년이나 유행이 지난 옷을 입은 오드리 헵번이 얼마나 세련되게 보이는지 알고 역시 같은 수준으로 얼이 빠진 적이 있습니까? 여러분에게 그런 경험이 있다면 더 이상 종이 낭비하면서 설명을 질질 끌 필요 없겠지요. 뼛속까지 느끼고 계실 테니까.

문젯거리가 하나 더 나갑니다. 그건 한 시대를 보존하는 것은 당시에 나왔던 개별 작품들의 질이 아니라 스타일이라는 것입니다. 「오발탄」의 예를 다시 들어봅시다. 힘있고 감동적인 작품입니다. 내용만 따진다면 시대를 탈 이유가 하나도 없습니다. 하지만 일반 관객들이 「오발탄」이나 비슷한 시기에 나온 다른 영화를 즐기려면, 촌스러운 영화 음악과 신파의 극을 달리는 성우들의 연기, 당시 대중 문화를 지배했던 그 감상적인 정서를 넘어서야 합니다. 게다가 배우의 외모에 대한 관객의 반응도 예전 같지 않습니다. 엄앵란 아줌마의 젊은 시절 모습을 보면서 왕년의 인기 비결을 찾는 게 왜 이리 힘이 드는 건지요. 죄의식까지 느껴집니다!

평론가들이나 영화 마니아들에게 그런 벽은 그렇게 높지 않을 겁니다. 하지만 평범한 일반 관객들에게 그건 상당히 큰 벽입니다. 적어도 저녁의 오락을 위해 영화를 보려는 사람들에게는 아주 높은 벽입니다. 그리고 시대의 흔적을 보존하는 사람들은 평론가들이나 마니아들이 아닌 이런 보통 관객들입니다. 그들에게 어필할 수 없다면 그 스타일은 죽은 것입니다. 평론가들이 아무리 떠들어도 소용없습니다. 예술은 의무가 아니기 때문입니다.

2. 취향 물려받기

우리는 영화만을 수입하지는 않습니다. 영화의 평판까지 함께 수입하지요. 사실, 대부분의 경우 영화의 평판은 영화보다 먼저 들어옵니다. 요새 같은 정보 혁명의 과도기 때엔 더욱 그렇지요. 바이트 수가 적은 영화 비평과 박스 오피스 성적은 잽싸게 오대양 육대주로 퍼져가지만 정보량이 많은 영화 자체가 들어오는 데에는 약간의 시간이 걸리니까요. 고전의 경우는 더 심합니다. 최근 영화라면 시스켈과 이버트*가 엄지를 올리건 내리건 그 사람들 맘이라고 우길 수 있지만, 수십 년에 걸쳐 다져진 역사적 평가는 쉽게 무시할 수 없으니까요.

그 결과 재미있는 결과들이 발생합니다. 우선 유통 과정에서 발생하는 실수들이 있죠. 예를 하나 들어볼까요? 언젠가 모 영화 서적의 저자가, 역시 모 영화 잡지에 실린 그 책에 대한 평을 읽고 항의 서한을 보낸 적 있습니다. 그 평자는 그 영화 서적에 실린 정보들이 "방대하지만 부정확하다"라고 평했는데, 저자는 그런 평이 불만이었던 거죠.

---

* 진 시스켈 Gene Siskel(1946~1999), 로저 이버트 Roger Ebert(1942~) : 시카고의 영화평론가들. 'Siskel & Ebert & the Movies'라는 텔레비전 쇼로 유명함.

그런데 그 항의 서한의 몇 구절이 제 눈길을 끌었습니다. 정확하게 인용할 수는 없지만 대충 이렇게 씌어 있었던 거예요. "그 책을 쓰기 위해 다양한 외국 서적들을 구해 참고했으며……"

흠, 영화에 대한 정확한 정보를 제공하려면 영화에 대한 책을 보는 대신 일단 영화부터 '봐야' 하는 것이 아닐까요? 언어란 게 그렇게 정확한 정보 전달 수단도 아니니 말입니다. 아무리 성실하게 인용해도 정보가 건너건너 오다 보면 부정확해지는 게 당연한 겁니다. 그 상황 속에서 자기 정보의 정확성을 확신한다는 게 오히려 이상하죠.

더 끔찍한 예를 들어볼게요. 제 일가 친척 중 한 명이 어떤 비디오 가이드의 부정확한 정보에 열받아서 항의 편지를 쓴 적이 있습니다. 그뒤에 그 사람은 비공식적으로 그 가이드의 개정판을 내는 데에 참가했는데, 그 출판사 사람들 중 한 명이 이렇게 물었답니다. "말틴*과 같은 사람들은 어떻게 그렇게 많은 영화들의 정보를 얻는 거예요?"

물론 말틴과 그의 부하들은 정말로 그 영화들을 보고 나름대로 평가를 내린 거죠. 말틴이 틴에이저 때부터 한 일이 바로 그건걸요. 그런데 그 출판사 사람들은 말틴 일당이 그 영

---

* 레너드 말틴 Leonard Maltin(1950~): 미국의 영화사가. *Leonard Maltin's Movie & Video Guide*는 가장 대중적인 영화 안내서 중 하나.

화들을 전부 보았다는 게 상상이 가지 않았던 겁니다! 그 사람들은 책에 실린 '모든' 영화들을 보는 대신 말틴이나 다른 사람들이 쓴 가이드들을 모아 참고하면서 비디오 평점을 매겨왔으니까요. 그러니 제목이 둘인 영화 하나를 두 번 언급하면서 다른 평점을 주는 잔인무도한 실수가 일어날 수 있었던 거죠. 이런 생각 없는 수입 과정 중 그 가이드의 일관성이 사라졌던 것도 당연한 일입니다.

인터넷과 같은 정보 유통 수단의 발달과 함께 이런 순진한 실수는 점점 줄어들고 있습니다. 위에 언급한 가이드 북도 꾸준히 개정판을 내고 있고요(그러나 그네들이 가이드의 필수적인 조건이라고 할 수 있는 일관적인 주관성에 도달했는가는 다른 문제입니다). 하지만 보다 심각한 다른 문제들은 남아 있습니다.

생각해봅시다. 우리나라 영화광들이 열광하는 영화들은 대부분 외국 영화들입니다. 그 중 정식 절차를 통해 수입되어 극장에서 상영된 영화는 극히 일부입니다. 나머지는 시네마테크와 같은 다른 경로를 통해 볼 수밖에 없죠.

만약에 여러분이 공포 영화를 좋아하는 초보자고 공포 영화의 진짜 세계에 '입문'하고 싶다고 합시다. 어떻게 해야 할까요? 일단 해야 할 일은 정보를 얻는 것입니다. 시간과 돈의 제한이 있으니 아무 영화나 볼 수는 없죠. 따라서 '걸작들'을 골라내야 하는데, 그때 필수적인 것은 리스트입니다.

그럼 그 리스트들은 어디서 왔을까요? 선배 공포 영화 팬? 그럴 수도 있겠죠. 그렇다면 그 선배 영화 팬은 어디서 그 리스트를 얻었을까요?

이렇게 위로 쭉 올라가면 원조 리스트가 나오게 마련입니다. 그리고 그 리스트의 기원은 대부분 '영화를 본 사람'이 아니라 '영화에 대한 책'입니다. 영화 서적이나 교과서를 보면서 '와, 이건 정말 보고 싶다'란 생각이 들면 리스트에 올리고 그걸 주문해서 보거나 하는 거죠. 그게 모이고 쌓이면 시네마테크가 됩니다. 볼 수 있는 영화가 한정된 이 나라에서는 당연한 일이겠죠.

이런 리스트의 영화들을 보는 건 아주 순수한 경험이라고 할 수는 없습니다. 어쩔 수 없이 원조인 '책'과 옛 평판의 제약을 받기 때문입니다. 이런 상황에서 고전 관객들은 자신을 영화에 맞추게 마련입니다. 문화적 갭 때문이건 정말로 평가가 이상하건, 도저히 느낌이 안 오는 영화가 나와도 말의 힘에 눌리기가 일쑤죠. 특히 그 영화가 '컬트'라면, 또는 그 영화가 '정치적인 이유'로 선택되었다면, 말의 힘은 특히 더 막강합니다. 그 결과 머리로만 만들어낸 평가들이 돌아다니기 시작하는데, 그 중 상당수는 알렉 윅의 외모에 대한 서구 잡지들의 글만큼이나, 「푸른 천사」에 나온 마를렌 디트리히의 다리 이야기만큼이나 성의가 없는 것입니다.

더 나쁜 일도 일어납니다. 히치콕Alfred Hitchcock의 예를 들어보죠. 많은 히치콕 영화들은 페미니스트 비평의 좋은 표적이 되며 그건 사실 당연한 일입니다. 하지만 이런 소문이 다리를 넘고 넘어 여기까지 오면 이야기는 이상해집니다. 전 상당히 진지한 매체에서 "여성들이 대부분 부수적인 역할밖에 하지 못한다"는 것이 히치콕 영화들의 반여성적인 요소라고 상당히 심각하게 지적하는 것을 들은 적이 있습니다. 상당히 엉뚱하다고 할 수밖에 없죠. 그게 사실이라면 히치콕의 영화들이 특별히 따로 도마에 오를 이유도 없으니까요. 오히려 그는 여성 주도의 영화를 당시 평균치보다 훨씬 많이 만들었습니다. 히치콕의 영화들이 도마에 오르는 것은 오히려 반대로 그가 여자들을 상당히 자주, 그것도 상당히 미묘하게 다루어서 씹을 거리가 많기 때문입니다. 만약 여성 캐릭터의 비중과 역할만으로 그의 성향을 평가했다면 그는 오래 전에 페미니스트 감독이 되었을 겁니다. 웬만한 히치콕 여자 주인공들은 「스피드 Speed」의 산드라 블록 Sandra Bullock보다 훨씬 적극적이고 덜 의존적이니까요.

이런 오해야 초등학교 수준의 산수로도 해결되는 일입니다. 여자 주인공의 머릿수만 세어서 다른 감독들과 비교 해도 해결되는 일이니까요. 하지만 '히치콕＝반여성적'이라는 수입된 공식은 산수를 넘어서며 사람들의 선입견을 지배합니다. 그 결과 저쪽에서는 진지하고 내용 있던 비판이 단순 무식한 일반화의 원인이 되는 거죠.

토착화 과정이 없는 것도 아닙니다. 그러나 토착화 과정의 대부분은 고정된 평에 대한 반발과 독자적인 평가 구축의 시도에서 머물고 맙니다. 바탕이 되어야 할 독자적 리스트의 작성은 극히 드물죠. 하긴 도대체 어떻게 그런 리스트를 만들란 말입니까? 영화를 직접 선택할 수 있는 기회가 끔찍할 정도로 제한되어 있는데 말이에요.

3. 쌀가루를 뿌려야 할까?

I

「로키 호러 픽처 쇼 The Rocky Horror Picture Show」는 전에도 시네마테크나 대학 축제 때 가끔 상영된 적 있습니다. 물론 어울리지 않게 무지 심각한 분위기에서요. 대학 축제 때 외국인 관객 몇 명이 흥을 돋우려다가 심각한 분위기에 졸아붙어 조용해졌다는 소리를 어디선가 들은 적이 있는데, 제가 보았을 때는 그런 일도 없었어요.

하긴 이 영화를 가만히 앉아서 보는 것처럼 재미없는 일도 없겠죠. 스크린 앞까지 나가지는 않더라도 앞 좌석에 쌀가루 정도라도 뿌려대고 가사를 모른대도 같이 콧노래라도 흥얼거려야 이 영화를 보는 기분이 나지 않겠어요? 그것도 금요일 자정 상영이어야 하고요.

물론 여기서는 쉬운 일이 아닙니다. 「로키 호러 픽처 쇼」
는 남의 영화고 남의 문화입니다. 우리는 스크린을 통해 남
의 이야기를 살짝 엿보는 것에 불과합니다. 사실 다른 외국
영화들도 그 점에 있어서는 크게 다를 것도 없죠. 단지 「로
키 호러 픽처 쇼」가 '관객 참여'를 요구하는 영화라는 점이
그 문제점을 구체화시키는 것이죠. 자, 어떻게 할까요? 쌀가
루를 뿌릴까요, 말까요?

대충 두 가지 반응을 통신망에서 읽을 수 있습니다. 하나
는 「로키 호러 픽처 쇼」의 소모임에서 올린 퍼포먼스 지원자
모집 글입니다. 소모임까지 만든 사람들이니 그 사람들이 극
장에서 노래를 불러대고 밀가루를 뿌려대는 건 당연하고 지
당한 일이겠죠. 다른 하나는 이런 소란이 스노비즘에 불과하
다는 말인데, 뭐 그럴 수도 있는 것 같습니다. 하긴 그분 말
마따나 「로키 호러 픽처 쇼」의 노래들을 영어로 따라 부를
수 있는 관객들이 몇 명이나 되겠어요.

스노비즘이건 아니건, 조용한 분위기에서 보는 「로키 호러
픽처 쇼」는 아드레날린 억제제를 먹고 하는 스카이다이빙처
럼 뭔가 빠진 것처럼 보이겠지요. 그렇다고 해서 한국 관객들
에게 사전 준비를 강요하는 것도 어색한 일이겠고요. '자막
달린 외국어 참여 영화'라, 갑자기 기분이 이상해지는군요!

차라리 우리 나름대로의 「로키 호러 픽처 쇼」를 만들어버
려? 이 주장 역시 통신망 어디선가 읽은 것 같은데, 따지고

「로키 호러 픽처 쇼」의 포스터

보면 못 할 것도 없습니다. 우리나라 영화 중에도 성격만 따진다면 그런 식의 분위기를 조성할 수 있는 영화는 꽤 되니까요. 사실 로봇 태권 브이가 악당 로봇을 때려잡을 때마다 열정적으로 주제가를 따라 부르던 아이들도 나름대로 「로키 호러 픽처 쇼」 체험을 했던 게 아니겠어요? 하지만 관객들에 의해 자발적으로 발생한 외국의 사례를 따라하느라고 그런 걸 억지로 조작해야 할 이유는 또 어디 있단 말입니까.

그러나 그런 '제의'는 부럽고 스크린 앞에서 떠들고 공유할 만한 무언가를 가지고 있는 그쪽 동네 애들도 부러워집니다. 우린 무얼 가지고 있을까요? 이런 식으로 억지로 찾지 않는다고 해도 뭔가 가지고 있기는 있을 텐데?

II

위의 글은 제가 동숭시네마텍에서 「로키 호러 픽처 쇼」를 보기 전에 『씨네21』에 쓴 글인데, 아무래도 몇 마디 덧붙여야겠습니다.

우선 동숭시네마텍의 공연에 별다른 매력을 느끼지 못했다는 점을 밝혀야 할 것 같군요. 퍼포먼스에 나선 사람들의 열과 성의는 느껴졌습니다. 하지만 그들의 공연은 어딘가 너무 건실했고 마땅히 있어야 할 관객들과의 교류도 미적지근했습니다. 퍼포먼스는 잊더라도, 영화 속에 나오는 가장 기초적인 조크들도 관객들에게 별다른 반응을 불러일으키지

「로키 호러 픽처 쇼」의
캐릭터들

못했습니다. 하긴 그 정도의 자막 번역 가지고 일정 수준의
이해를 바랐던 것 자체가 무리였을지도 모릅니다. 한마디로
그날 밤은 미국에서 재배한 한국 배처럼 어딘가 시들했어요.

슬프게도 여기서부터 전 지독한 스노브가 되어, 저 자신이
본토에서 「로키 호러 픽처 쇼」의 금요일 밤 상영에 참여한
적이 있다는 사실을 고백하는 동시에, 그때 그 동네 극장에
서 느꼈던 열기는 진짜였다고 주장하게 됩니다. 사실 그 때
문에 자신의 스노비즘에 슬퍼할 이유도 없습니다. 그건 당연
한 일이었으니까요. 이 땅에서 자란 한국 배가 더 맛있는 것

처럼 말이죠. 그 수많은 토론과 팬들의 열광, 퍼포먼스에 들인 그 모든 공에도 불구하고 「로키 호러 픽처 쇼」의 수입은 도대체 먹히지 않는 일이었던 겁니다. 적어도 아직까지는요.

4. 남의 영화 보기

I

리처드 론크레인 Richard Loncraine의 용감 무쌍한 셰익스피어 영화 「리처드 3세 Richard III」가 국내 개봉되었을 때, 놀랄 만큼 많은 사람들이 이 작품을 평하면서 브레히트의 소격 효과를 언급했다는 것은 꽤 재미있는 일입니다. 리얼리즘 연극이란 것이 태어나지도 않았고 방백이 아주 자연스러운 극적 수단이던 시대에 씌어진 작품의 영화판을 보면서, 순전히 주인공이 카메라를 본다는 이유만으로 브레히트를 끌어들였다니 매우 피에르 메나르 Pierre Menard*적이지 않아요?

많은 사람들이 「뮬란」을 보고 나서 동양에 대한 서구인들의 무지에 대해 이야기합니다. 하지만 반대로 우리가 서구에 대해 얼마나 알고 있는지에 대해서도 생각해볼 만하지 않을까요? 셰익스피어와 같은 거물에 대한 가장 기초적인 지식

---

* 보르헤스의 「키호테의 저자 피에르 메나르」의 주인공.

마저도 그렇게 보편적이지 않다면 그래볼 만도 하죠.

하긴 셰익스피어를 읽는 사람들은 예상 외로 적습니다. 그렇게 많은 번역본이 나와 있지만 대부분의 스노브들은 셰익스피어 대신 셰익스피어에 대한 책을 읽습니다. 그게 더 소화 흡수가 빠르니 더 경제적인 선택인 거죠. 따라서 그런 메나르들의 등장은 꽤 당연한 것이었을지도 몰라요.

본론으로 돌아가죠. 아무 영화나 몇 편 골라서 과연 우리가 얼마나 이해하고 있는지 봅시다. 흠, 팀 버튼Tim Burton의 영화는 어때요? 포스트모더니즘이 한창 인기였을 때 버튼의 영화는 참 써먹기 쉬운 텍스트였습니다.

그런데 우리가 그 사람의 정서를 얼마나 이해하고 있을까요? 물론 그의 작품에는 인간 일반이 보편적으로 공감할 수 있는 커다란 덩어리가 있고 그 때문에 그의 작품은 미국을 넘어선 세계의 관객들에게 먹힙니다. 그러나 그를 섬세하게 파헤치기 위해서는 그런 이해 이상의 것이 필요합니다. 그를 먹여 살린 그 문화 환경에 대해 좀더 알고 있어야 하죠. 그리고 그러기 위해서는 그가 예전에 좋아했던 「베벌리 힐빌리The Beverly Hillbillies」(많은 국내 잡지들이 「베벌리 힐즈의 아이들Beverly Hills 90210」로 착각하고 있는) 같은 옛 연속극도 몇 편 보아야 하겠고 빈센트 프라이스Vincent Price가 나오는 호러 영화도 몇 편 봐야 할 것입니다.

그런데 그게 가능합니까? 프라이스 주연의 호러 영화들은 그 높은 질과 장르 역사적 중요성에도 불구하고 이 나라 영화 마니아들의 리스트에서 제외되어 있습니다(슬래셔 무비가 아니니까요). 그리고 솔직히 말해 버튼의 영화를 이해하려고 「베벌리 힐빌리」 따위의 구닥다리 코미디까지 애써 찾아 봐야 할 이유가 어디 있습니까? 않느니 죽지.

그러나 그 결과 우리가 얻을 수 있는 정보의 양은 제한됩니다. 결과는 어떻게 되나요? 1) 그 동네 비평가들에게 의존하거나, 2) 내용을 제한하거나, 3) 오독하거나, 셋 중 하나죠. 「카사블랑카」처럼 순수한 드라마라면 별상관이 없지만, 인용이 많은 영화들일 경우 문제는 심각해집니다.

코엔 형제의 「허드서커 대리인 The Hudsucker Proxy」이나 스티븐 프리어즈의 「리틀 빅 히어로 Hero」와 같은 영화들은 모두 프랭크 카프라 Frank Capra의 「존 도를 찾아서 Meet John Doe」에 아주 큰 빚을 지고 있습니다. 특히 코엔 형제의 영화는 「존 도를 찾아서」를 모르고는 제대로 이해를 할 수도 없을 정도죠. 그러나 이 영화들이 국내에 개봉되었을 때, 이 영화를 언급한 평은 거의 없다시피 했습니다. 꽤 유명한 영화임에도 불구하고 어느 '명작 리스트'에도 올라 있지 않아서, EBS에서 방영하기 전까지 본 사람들이 거의 없다시피 했기 때문이지요. 고로 「허드서커 대리인」과 「리틀 빅 히어로」를 보면서 평을 했던 사람들은 아주 기초적인 인용과 오리지널리티의 구별도 할 수 없었던 겁니다.

「존 도를 찾아서」

복거일은 『월간 중앙』 92년 5월호에 저와 같은 SF 팬들을 꿈과 희망에 가득 차게 한 글을 쓴 적이 있습니다. 멋대로 편집해서 인용하면 다음과 같습니다. "좋은 외국 과학소설 작품들이 충분히 소개된다면 우리 문학도 좋은 과학소설 작품들을 얻게 될 것이다〔당연하신 말씀〕. 정통 소설에 비하면 과학소설은 양에서 아주 적다. 그리고 과학소설의 하위 장르에서 '고전'으로 꼽히는 작품의 수는 그렇게 많지 않다〔역시 당연하신 말씀〕." 그러므로 진짜 읽을 만한 작품을 한 백여 편정도만 골라 번역하기만 해도 창작 작품의 씨앗과 비평가들의 선입견 개선용으로 충분하다는 것이었죠. 정말 가슴 벅찬 이야기가 아닙니까? 복거일이 이 글을 썼던 90년대초만 해도 SF 번역이 꽤 활발해서 정말 그럴 날이 올 줄 알았습니다.

슬프게도 SF 열기는 곧 시들해져버렸습니다. 하지만 그게 지속적이었다고 하더라도 그런 젖과 꿀이 흐르는 땅에 우리가 도착했을는지 의심스럽습니다. 한 문화의 풍토를 구성하는 것들은 걸작들뿐만이 아니기 때문입니다. 시시한 작품들도 그만큼이나 중요합니다. 걸작 혼자만 설 수는 없습니다. 많은 걸작들이 시시한 선배들에게 지대한 영향을 받고 있죠. '걸작 리스트'가 생명력이 없는 것도 이 때문입니다. 고로 걸작 리스트에 대한 책만 잽싸게 읽는 것으로는 기대만큼의 성과를 얻을 수 없습니다.

그러나 그렇다고 우리가 외국의 쓰레기까지 다 찾아다니

며 구해봐야 하나요? 뭣 하려요? 그렇게 시간이 넘쳐 흐릅니까? 하지만 안 그러자니 앞에서 언급했던 세 가지 함정이 앞에서 기다리고 있습니다.

이렇게 벌여놓았으니 마땅히 이쯤에서 시원스런 해답이 따라야 하겠지요. 하지만 전 이번에도 그런 건 모릅니다. 제가 여기서 할 수 있는 것은 간단한 주제 파악일 뿐입니다. 우리가 사는 나라는 주변국입니다. 심지어 국지적으로라도 문화 중심에 서 있다면 이런 고민 따위 할 필요도 없습니다.

II

이 나라에서 다른 나라의 영화를 보는 일은 거의 전쟁에 가깝습니다. 일단 수많은 삭제들이 기다리고 있습니다. 다양한 검열을 뚫고 나와도 상영 횟수를 맞추고 등급을 조절하려고 수입사에서 또 자릅니다. 그 자르기를 통과해도 번역이라는 무시무시한 관문이 기다리고 있습니다.

문제들이 생겨납니다. 역시 문화적 계급 나누기가 가장 일차적인 것입니다. 이 나라에서 약간 농도 짙은 극장 개봉 영화의 필름은 둘로 나누어집니다. 비평가용 무삭제 필름과 일반 관객용 삭제 필름입니다. 영화 잡지에 잡글을 쓰는 몸이라 저도 가끔 그 무삭제 필름 시사회라는 곳에 머리를 들이밀 때가 있는데, 그럴 때마다 얼마나 어깨가 으쓱해지는지, 싹둑싹둑 난도질당한 영화를 보고 나서 마치 영화를 다 본

양 떠들고 다니는 중생들이 얼마나 불쌍하게 보이는지 모릅니다.

(너무나 당연한 말이라 자판을 두들기면서도 계속 얼굴이 붉어지지만) 이런 계급 구분은 결코 옳은 일이 아닙니다. 영화는 대중을 위한 것이지 비평가를 위한 것이 아니기 때문입니다.

게다가 이런 경우 잘못된 정보를 전달할 가능성도 큽니다. 「내 책상 위의 천사An Angel at My Table」와 「펄프 픽션」의 무참하게 삭제된 버전이 극장에서 개봉되는 도중에도 몇몇 평론가들은 극장 개봉판이 삭제판인지도 모르고 있었습니다. 심지어 어느 평론가는 「내 책상 위의 천사」에 대해 언급하면서 그 긴 영화를 무삭제로 개봉한 수입사를 칭찬하기까지 했답니다! 극장 개봉판밖에 볼 수 없었던 관객들에게 그 말은 마리 앙투아네트Marie Antoinette의 "빵이 없으면 케이크를 먹으라"는 말만큼이나 신경 긁는 소리였죠.

이렇게 잘린 영화들은 영화 분석의 텍스트가 되고 여기서부터 또 다양한 오독이 생겨납니다. 궁하면 물론 원본을 구해다 볼 수도 있습니다. 하지만 세상에는 그렇게 여유 있는 사람들만 있는 것은 아닙니다. 그리고 그런 여유가 없는 사람들이라고 해서 스크린의 껌뻑임을 말없이 지켜보기만 하고 말 한마디 하지 말아야 한다는 이유 또한 없는 것입니다. 그들 역시 보고 생각하고 토론하며 분석합니다. 단지 그들이 보는 영화가 원래 감독이 의도했던 작품이 아닐 뿐입니다.

국내 개봉되었던 「펄프 픽션」과 같은 작품은 완전히 엉뚱한 영화였습니다. '폭스 포스 파이브 Fox Force Five' 언급과 같은 유명한 장면들이 뭉텅뭉텅 잘려나가, 영화는 엉뚱한 부분에서 존재하지도 않는 장면의 끝맺음을 하고 하지도 않은 질문에 대한 답변을 하는 엉뚱한 사건들의 연발이 되어버렸죠. 아마 당시 관객들 중 상당수는 그게 새로운 테크닉이라고 생각했을지도 모릅니다.

그 삭제판이 비디오로도 출시되었으니 오해는 좀더 오래 갔죠. 다행히도 케이블과 텔레비전으로 방영된 버전은 좀더 많은 부분을 수록하고 있습니다. 적어도 이제 미아 월러스 Mia Wallas가 왜 갑자기 토마토 가족 농담을 해대는지에 대한 설명은 있죠.

III

번역은 오독의 더 큰 원인일 수도 있습니다.

이 나라에서 영화 번역은 대충 세 개의 난관을 뚫고 나가야 합니다. 첫째는 공간의 제한이고, 둘째는 오역의 가능성이고, 셋째는 의도적인 왜곡입니다.

가장 타파하기가 어려운 것은 첫째 난관입니다. 우리나라에서 외국 영화는 대부분 자막 번역에 의존하고 있지만 그 환경은 거의 자막 사용을 훼방놓는 쪽으로만 뻗어 있습니다.

우선 우리나라에 세워진 대부분의 극장들은 시야 확보가 형편없습니다. 심지어 비교적 새로 지어진 명보극장 같은 곳에 가더라도 사람이 많을 때엔 아래 부분을 처음부터 포기해야 합니다. 가장 기초적이라고 할 수 있는 시야 확보도 제대로 계산 안 하고 영화관을 만드는 행위 자체가 이해 불가능한 것이긴 하지만. 하여간 이 물리적인 방해는 가로 자막이란 것을 거의 불가능하게 만듭니다. 그래서 한글 세대가 오래 전에 대물림을 받아버린 90년대에도 시대 착오적인 세로 자막이 존재할 수밖에 없는 거죠.

그리고 세로 자막의 소화 능력은 가로 자막보다 낮습니다. 공간적 제한뿐만 아니라 읽는 속도의 제한도 따르죠. 애당초부터 자막이란 것이 감당할 수 있는 글자가 그렇게 많지도 않은데도 불구하고 거기에서 또 줄여야 하는 겁니다. 그 결과 '간략화의 기술'이 발전하게 되는데, 이런 것들은 조금이라도 대사가 많은 영화에서는 허물어져버립니다. 최근의 가장 큰 피해자는 아마도 「이보다 더 좋을 순 없다As Good as It Gets」였던 것 같군요.

직접적인 오역은 셋으로 나뉩니다. 하나는 외국어 실력의 부족 때문인데 이것은 번역자들의 자질과 관련되어 있고 이 점에 대해서는 제가 참견할 바가 아닙니다. 사실 어쩔 수 있다고 해도 여기서 언급할 만한 내용은 아니지요. 두번째는 문화적 갭에 말려드는 경우인데, 이 경우는 번역자들을 탓할 이유가 조금 더 커지지만 결국 그것도 당사자의 무지와 무능력에 따른 것이니 여기서도 제가 끼여들 필요는 없습니다.

세번째는 나태함인데, 여기서까지 뒤로 물러날 수는 없습니다. 아주 약간의 전문성이 개입되기만 해도 번역이 마구 구르는 게 우리 현실이기 때문입니다. 그 중 일부는 이해하기 어려울 정도로 뻔한 곳에서 발생합니다. 「아름다운 비행 Fly Away Home」에서 goose를 그냥 거위로 번역하거나(그 영화에 나오는 '거위'는 'wild goose'이므로 기러기라고 번역되어야 했습니다), 「스타 워즈 Star Wars」에서 system을 '은하계'라고 번역하는(이건 심해도 너무 심했습니다) 따위의 경우와 마주치면 할말까지 없어집니다. 세부로 넘어가면 더 끔찍해지죠. 국내 「스타 워즈」 팬들이 자막에 붙어 있는 오류들을 북북 긁어대며 번역자에게 저주를 퍼부었던 것도, 그 시리즈의 자막이 간단한 매뉴얼 하나만 읽어도 벗어날 수 있는 실수들로 가득했기 때문입니다.

「스타 워즈」 팬들이야 원래 틀린 것을 알고 보았으니 상관없지만 관객들이 그걸 모르고 지나친다면 사정은 더 끔찍해집니다. 제인 캠피언 Jane Campion의 「피아노 The Piano」의 번역에서도 그런 부분이 있습니다. 영화 도입부를 보면 에이다 Ada와 플로라 Flora 모녀를 태워준 선원이 "Does your mother prefer to come with us to Nelson?"이라고 제의하는 부분이 있습니다. 넬슨은 뉴질랜드 남섬에 있는 도시 이름입

「피아노」

니다. 영화가 끝나면 모녀와 베인즈는 넬슨으로 가서 그곳에 정착합니다("I teach piano in Nelson. George has fashioned me a metal fingertrip……").

하지만 국내 자막은 넬슨을 '고향'이라고 번역해버렸습니다. 관객들이 '넬슨'이라는 낯선 고유명사를 소화해내지 못하리라 생각할 만큼 사려가 깊었지만 정작 번역한 당사자는 지도 한번 찾아볼 생각이 없었던 거죠. 그 결과 에이다 모녀는 보트를 타고 대양을 가로질러 스코틀랜드에서 뉴질랜드까지 왔다가 다시 보트를 타고 스코틀랜드로 돌아간 꼴이 되어버리고 말았지요.

급조된 이 장면도 우습기 짝이 없지만 오역의 여파는 더 심각합니다. 내용 전체가 바뀌게 되고 마니까요. 제인 캠피언이 그리려고 했던 사람들은 바로 그 사람의 조상이라고 할

100

수 있는 초창기 유럽계 이주민들이었습니다. 에이다가 뉴질랜드에 '남는' 것은 그래서 매우 중요했습니다. 그랬기 때문에 마오리족과의 문화 충돌, 이민족 지배에 대한 죄책감들과 같은 매우 뉴질랜드적인 주제들이 영화가 끝날 때까지 힘을 발휘할 수 있었던 거죠. 하지만 '고향'이라고 글자 두 개를 바꾼 것만으로 이 모든 것들은 사라지거나 흐려져버립니다. 아마 아직도 이 오역 때문에 이 영화를 보면서 엉뚱한 삽질을 하는 관객·연구가들이 상당히 될 겁니다.

마지막 세번째 항에 대해서는 꽤 길게 이야기해도 될 것 같습니다. 이 나라 관객들이 자막 번역자들에게 열받을 때가 있다면 바로 대부분 세번째 항 때문입니다.

자막 번역자들이 모든 대사들을 그대로 직역할 수는 없습니다. 공간 제한이 있고 문화적 갭 역시 존재하기 때문입니다. 활자 매체라면 여유 있게 괄호 치고 역주를 달 수도 있지만 영화 자막에서는 어림없는 소리입니다. 번역자들은 단지 번역만 해서는 안 되고 두 다른 언어 문화권의 중재역까지 동시에 해야 하는 겁니다. 따라서 어느 정도의 의역은 필수적입니다.

그러나 번역자가 이 권리를 지나치게 남용하면 문제가 발생합니다.

번역자들의 노골적인 첨삭은 그 중 가장 쉽게 드러나는 것들입니다. 「레옹 Leon」(여담이지만 이 영화의 주인공은 이탈리아인이니 꼭 프랑스식으로 발음할 필요는 없습니다)에서 주인공 레옹이 마틸다Mathilda에게 "너는 네 인생의 등불이었다"라고 말하는 것이나(그는 그 비슷한 말조차도 한 적 없습니다)「히트Heat」에서 닐 매컬리Neil McCauley가 "먼저 총을 쏠 수도 있었어"(원래는 "I told you, I'm not going back……"이라고 했답니다)라고 한 것 따위가 대표적이죠.

모두 같은 번역자의 작품이니 해명을 들을 수 있습니다. 그 번역자는 자랑스럽게 "그렇게 한 결과 관객들이 더 많이 들었을 것이다"라고 한 적이 있었지요. 보다 한국 관객들에 가까운 대사로 대치해서 더 '감동'을 주려는 작업이었다는군요.

의도야 어쨌건, 결과는 좋지 않습니다. 우선 그 번역자는 자신의 표피적인 감상에만 매달린 결과, 한 예술 작품의 일관성과 힘까지 날려버리고 있다는 사실을 모르고 있었습니다.「레옹」의 경우, "내 인생의 등불" 운운의 대사는 레옹이라는 말수 적고 투박한 남자의 성격에 맞지 않게 지나치게 장식적이어서 거의 닭살이 돋을 지경이고,「히트」의 경우는 "I'm not going back"이라는 대사가 하는 마무리 역할을 지워버리고 엉뚱하게 영화에 존재하지도 않는「첩혈쌍웅」식 감상을 끌어들여, 이 하드보일드 영화의 감정적 균형을 엉망으로 만들어버리지요.

이런 조작은 하급의 심미안을 가진 사람이 보다 높은 수준의 작품들을 건드릴 때 흔히 발생합니다. 크게는 제작자들의 노골적인 간섭에 의한 삭제·재촬영에서부터 작게는 번역자의 엉터리 첨삭에 이르기까지 다양하지만 성격은 같습니다. 스위스 지휘자 에르네스트 앙세르메Ernest Ansermet는 언젠가 재즈 음악을 대중의 입맛에 맞게 고치는 음악가들에 대해 "'그들은' 이 새로운 예술을 고객들의 천박하고 보잘것없는 관능적 쾌락에 맞도록 고치는 데 열중하고 있다"고 비난한 적이 있었는데, 결국 그도 같은 대상에 대해 같은 소리를 하고 있었던 거죠. 특히 '천박하고 보잘것없는 관능적 쾌락'이라는 말은 아주 적절하군요. 위에 언급한 개작들은 사실 감정을 자극하려는 시도가 아니라 센티멘털리즘을 건드리려는 시도였으니까요. 비위 약한 사람들이 구토 증세를 보여도 이상하지는 않습니다.

지나친 서비스에서 약간 아래로 내려가면 과잉 보호가 기다리고 있습니다. 위에서 어설픈 지식과 과잉 보호의 결합의 결과가 어떻게 나타나는지 「피아노」를 예로 들어 설명했는데, 어설픈 지식이 빠져도 결과가 심각한 것은 마찬가지입니다. 미묘한 언어의 뉘앙스를 무기로 하는 농담 같은 것을 번역할 때 그런 보호는 정당화될 수 있습니다. 하지만 그 나라 관객에게도 낯선 요소들까지 우리 관객들에게 설명할 필요까지는 없습니다. 이런 지나친 친절은 이야기의 맥을 빼놓고 또 그 번역을 우스꽝스럽게 만들죠.

「인 앤 아웃 In & Out」은 그 대표적인 경우입니다. 이 영화에는 상당히 많은 미국 문화의 게이 코드가 나오고 그것들은 이 영화 농담들의 일부입니다. 하지만 자막은 그 모든 것들을 바브라 스트라이샌드 Babra Streisand로 통합시켜버렸습니다. 화면에서는 엄연히 베트 미들러 Bette Midler의 「두 여인 Beaches」 테이프를 보여주고 있는데 자막에서는 바브라 스트라이샌드의 이름이 뜨는 거죠.

번역자는 아마 낯선 코드들로 관객들을 혼란시켜서는 안 된다고 믿었던 모양입니다. 하지만 미국의 이성애자 관객들에게도 이런 게이 코드들은 마찬가지로 낯섭니다. 「인 앤 아웃」이 나온 뒤, 수많은 사람들이 인터넷에서 바브라 스트라이샌드의 게이 코드에 대해 질문을 해댔던 것만 봐도 알 수 있죠.

그러나 그 농담들은 그래도 먹힙니다. 사람들이 베트 미들러의 게이 코드에 대해 전혀 모르고 있다고 하더라도 그 농담들은 돌아가죠. 정상 정도의 지능 지수라면 그것이 게이 코드라는 것을 즉각 눈치채고 웃을 수 있습니다. 그렇다면 거기에 대해서까지 관객들에게 서비스를 해야 할 필요는 없습니다. 우리가 더 자세한 설명을 받아야 할 이유는 조금도 없는 거죠. 특히 번역자가 관객보다 더 잘 알고 있지 못할 때는 말입니다. 그런 자세한 설명과 단순화로 관객들이 얻을 수 있는 것은 지극히 적은 데 반해, 잃는 것은 너무 많습니다. 충분히 옮길 수 있는 유머의 뉘앙스가 사라지고, 특별한 지식이 있는 소수를 대상으로 한 대사들도 사라집니다.

이런 번역들은 관객들을 특정 수준(다시 말해 번역자보다 약간 아래 수준)에 고정시키기 때문에 발생합니다. 그러나 어떤 예술 작품도 평준화된 관객들을 대상으로 하지는 않습니다. 그런 관객들을 의도했다고 해도 작품 자체는 그럴 수가 없습니다. 그리고 그 나라의 언어를 알아듣지 못하더라도 그 문화에 익숙해서 충분히 그 뉘앙스를 알아들을 수 있는 관객들은 이 나라에도 얼마든지 있습니다. 그리고 그 숫자도 바다 건너 사람들보다 아주 적지는 않을 겁니다. 그렇다면 그들도 평준화의 희생양이 되어야 합니까?

그러나 그런 일은 일어납니다. 그 가상 관객들의 수준은 계속 바닥에 붙어 있습니다. 번역자는 비유를 풀고서 밋밋하게 만들고 (그것이 아무리 시적이고 보편적인 것이라고 하더라도) 농담을 평상어로 만들고 은밀한 농담은 표면으로 떠올리며 반어법을 파괴합니다. 다시 말해 관객들의 지성은 끝없이 무시되는 것입니다.

과잉 보호의 아래 단계로 내려가면 불성실한 왜곡이 있습니다. 다시 「스타 워즈」 시리즈를 예로 들겠습니다. 다양한 불평이 온라인에 올라가 있기 때문에 일일이 체크하며 예로 들기가 편하기 때문입니다.

우선 「스타 워즈」라는 영화가 아주 오래 전의 과거를 무대로 하고 있으며 신화적인 성격을 띠고 있다는 점을 기억해야 할 것입니다. 우주선과 광선총이 싸돌아다니지만 영화 자체는 옛 기사도 이야기처럼 고풍스러움을 유지하고 있습니다. 고로 많은 등장인물들이 일부러 영국식 악센트를 쓰고 장엄한 어조를 구사하며 현대적인 단어들은 숨깁니다(예를 들어 '로봇'이라는 단어는 나오지 않죠. 스타 워즈 세계에서 사용하는 단어는 드로이드droid입니다. 자막에서는 '로봇'이라고 번역하고 있지만 역시 과잉 보호입니다. 미국 관객들에게도 낯선 단어이기 때문입니다).

하지만 「스타 워즈」의 번역자는 그런 분위기를 몽땅 무시해버렸습니다. 영화가 끝날 때까지 단 한 번도 품위를 잃지 않는 다스 베이더는 자막 속에서 "갈겨버려!" 따위의 거친 말을 내뱉는 건달이 되어버리고…… 아니 "머나먼 옛날 우리 은하계에서"로 시작되는 「스타 워즈」의 세계에 "자네는 최고의 탑 건이야" 따위의 대사가 왜 나온단 말입니까? 이건 「햄릿」을 친근감 있게 번역하기 위해 "To be or not to be"를 "죽을까 말까, 알아맞춰보세요"로 번역하는 것과 전혀 다르지 않습니다. 물론 번역자는 그 엄청남을 눈치채지 못합니다. 이미 자신의 권력과 가상 관객들의 아둔함에 도취되어버렸기 때문입니다.

그리고 우리들은 이런 자막들을 텍스트로 이용합니다. 영어는 어떻게 피해갈 수 있겠죠. 이 나라 국민 대부분이 엉터

「스타 워즈」

리로라도 수년 동안 그 언어를 공부한 경력이 있으니까. 하지만 이란 영화나 러시아 영화일 경우는 어떻게 해야 할까요? 영화 한 편 보기 위해 페르시아어와 러시아어를 배워야 하나요?

도대체 기준이 뭐냐? 라고 묻는다면…… 글쎄요. 아마 베네딕트 수도회에서 나오는 고전 영화 비디오 수준의 자막 정도를 제시할 겁니다. 쓸데없이 재주를 부리지도 않고 건실하고 정보량도 많으며 시청자를 우롱하지 않는 아주 좋은 번역들이죠. 그러나 그런 번역을 극장에 깐다면 너무 수다스럽고 빽빽하다고 느낄지도 모르겠습니다. 게다가 어떻게 가톨릭 수도사들의 경건한 노동을, 링거를 맞아가며 1주일에 5편씩 번역을 뚝딱뚝딱 해치워야 하는 정신없는 현장 번역자들의 생산품과 비교할 수 있겠습니까?

결국 이렇게 번역 전문가들을 욕해봤자 돌아오는 것은 없습니다. 우리가 항의하고 떠들어대는 대상은 손가락으로 꼽을 만한 소수 사람들의 개인 취향과 능력일 뿐이고, 이것들은 보다 활발한 번역의 자유 경쟁과 환경 개선 없이는 해결할 수 없는 것이기 때문입니다.

여고 괴담 1, 2

1. 굳은 머릿속에 갇혀서

얼마 전, 이제 경력이 붙어서 풋내기 교사라고 할 수도 없는 옛 학교 친구를 한 명 만났습니다. 요새는 교사 직업을 가진 사람만 보면 「여고 괴담」을 보고 기분이 어땠냐고 묻고 싶어 좀이 쑤시는 통이라 그 친구한테도 당연히 그랬죠. 그러니 대충 이런 답변이 돌아옵니다.

"글쎄, 기분이 묘하더라. 늙은 여우랑 미친개가 죽어 넘어지는 걸 볼 때는 나도 와와 고함지르면서 스트레스를 쫙 풀었는데, 일단 영화관을 나오니까 기분이 이상해지는 거야. '그렇지 않아도 사방에서 얻어맞는 피곤한 직업으로 먹고 사는데 심지어 여기서도 얻어맞는구나, 어쩌구저쩌구' 뭐 그런 거 있지 않니. 괜히 쓸데없는 동아리 의식이 들더라고. 그 때문에 난 더 짜증이 나지. 나는 지금까지 그런 유치한 것들로부터 떨어져 있는 세련된 사람인 줄 알았거든."

"그럼 교총에서 교권 침해니 뭐니 하는 것도 대충 이해가 가겠네?"

"너 정말 날 그렇게까지 유치한 사람으로 만들래? 교사 명예를 훼손한 건 「여고 괴담」이 아니라 교총이야. 나같이 세련되고 똑똑한 교사는 허공 중에 떠 있는 군사부일체 따위의 이데올로기에 매달리지 않고도 내 직업의 존엄성 따위는 찾을 수 있어. 「여고 괴담」을 볼 때 느꼈던 어설픈 동아리 의식은 내 이성 아래 어두컴컴한 구석에서 꼼지락거렸던 잔물결 이상의 어떤 것도 아니라고. 나에겐 그 영화가 충분히 사실적이라는 것을 인정할 만한 공정함과 그런 비판을 받아들일 수 있는 지성이 있어. 오히려 「여고 괴담」은 객관적 지성인이라는 내 존재를 강화시켜.

하지만 교총이 한 일을 봐라. 그건 전체 교사의 지성을 모욕하는 멍청한 짓이야. 물론 정치적으로도 바보 같은 일이고. 그뒤에 통신망에 쏟아져나온 교총과 교사들에 대한 그 거창한 야유와 욕설들을 읽어본 적 있니? 가만히 있었으면 늘 들어서 익숙하던 욕만 들었을 텐데. 그런 서툰 짓을 한 뒤로는 멍청하고 둔하다는 욕까지 덤으로 듣고 있잖아. 왜들 그렇게 서툴러?"

"그 사람들에게는 꽤 당연한 생각이었을걸? 이 나라에서 교사들은 실질적인 혜택보다는 군사부일체 이데올로기에 더

「여고 괴담」

매달리고 있잖아. 그런 것이 당연하다고 생각하는 사람들에게는 이런 일은 있어서는 안 되는 거지. 결국 직접적인 비판에 대해 반응하는 방법을 터득하지 못하게 되니 반응이 서툴 수밖에 없는 거지.

미친개가 죽은 늙은 여우를 그린 지오의 그림을 찢어발기는 장면이 자꾸 생각이 나는데, 열받게 하는 장면이기는 하지만 미친개를 이해 못 할 것도 없다는 생각이 들었어. 그 사람의 좁은 머리로는 그런 그림을 그리는 정신을 이해하는 것 자체가 무리였을 테니 그런 폭발적 반응이 그 어리석은 사람이 할 수 있는 유일한 일이었을 거야. 이번 해프닝(제발 해프닝으로만 끝나기를!)도 마찬가지가 아닐까? '잊을 수 없는 일'에 대한 반응이란 게 원래 뻔하지 않니?"

II

당신은 더럽고 둔한 짐승.
더 때릴 이유도 없는데 지 맘껏 때리고선
슬픈 표정으로 '나도 마음이 아파.'
이런 뻔히 보이는 거짓말 한 대 확 쳐버리고 싶지.
저런 냄새나는 것들을 우린 존경하는 '님'이라 부르고 무릎
꿇어야지⋯⋯

패닉 2집에 실렸던 그 말 많던 노래 「벌레」의 가사인

112

데…… 일단 속이 후련해지지요? 이 나라에서 학교를 다니면서 이런 욕지거리 한번 내뱉고 싶지 않았던 사람도 없지만 그걸 이렇게 공식적으로 해냈던 사람들 또한 많지 않았으니까요.

하지만 왜? 갑자기 궁금해집니다. 이 나라는 언론의 자유가 있는 나라가 아닌가?

언론의 자유가 있다고 하지만 성역 또한 존재합니다. 교사라는 직업에 종사하는 사람들은 지금까지 그 성역 안에서 살아왔었죠. 지금까지 서슬이 퍼렇게 살아 있는 군사부일체의 무시무시한 구호 아래 교사들은 인간을 넘어선 어떤 거창한 존재가 되어야 했습니다. 덜컹거리는 교육 현실과 사방에서 쏟아지는 유혹, 경제적 문제, 그리고 수많은 교사들에게 절대적인 문제점인 자질의 부족에도 불구하고 어떻게든 그래야 했지요. 만약 거기서 벗어나는 사람이 있다면? 천만에요, 그런 사람은 없습니다. 신문에 대문짝만한 기사가 실려도 그런 사람은 일단 없는 거죠. 그리고 그런 사람이 없는데도 패닉이란 거짓말쟁이들이 「벌레」 같은 노래를 냈으니 문제가 생긴 겁니다.

대상을 똑바로 바라보지 않으면 문제가 해결되지 않습니다. 그리고 전체 집단에게 불가능한 일을 기대한다면 그 기대가 깨지거나 그 집단을 보는 눈이 왜곡될 수밖에 없습니다. 그리고 「스승의 노래」를 부르며 눈물에 젖는 사람들의 대부분은, 교사들이 피와 살이 있는 평범한 사람일 수밖에 없다는 사실을 애써 무시하려 하고 있죠. 더 나쁜 것은 이 직업에 종사하는 사람도 그 허상에 눈이 가려 자기를 제대로 볼 수 없다는 점입니다. 그 결과 벌써 해결되었어야 할 일들이 쉬쉬하는 동안 묻혀지고 잊혀집니다.

「여고 괴담」에 대한 교총의 반응도 이런 가짜 상에 자신들의 이미지를 맞춘 결과일 수밖에 없습니다. 결국 놀림거리가 되면서 흐지부지해져버렸지만, 아직도 그 사람들은 왜 그렇게 된 건지 이해를 못 하고 있을 거예요. 교육자라는 신성한 직업이 이렇게 모욕을 당하다니 어떻게 된 일일까? 우리는 변호사도 정치가도 아닌데.

하지만 이 나라에 사는 대다수의 사람들은 서서히 그 선입견의 굴레를 넘어서고 있습니다. 패닉의 존재나 「여고 괴담」의 상업적 성공이 이를 증명합니다. 똑바른 비판의 작은 시작인 셈이죠.

하지만 그와 함께 엉뚱한 일도 일어납니다. 최근 들어 상당히 책임감 있는 위치에 있는 오피니언 리더들이 교총의 바보 같은 행동을 비난하면서 거의 패닉 수준의 비판을 가하기 시작하는 걸 보게 되었습니다. 그네들의 글에서 교사들은 거대한 괴물 집단이고 타락의 상징입니다. 이런 글들을 읽노라면 거의 교총 사람들이 불쌍해지기까지 하는데, 이 양반들이 쏟아부어대는 화려한 수사를 그쪽에서 감당할 수 있을 것 같지 않기 때문입니다.

그런데 기분이 이상해집니다. 전에도 어디선가 이와 비슷

114

한 글을 본 것 같기 때문이지요. 한참 머리를 굴리다 전 이런 글들이 거울상이라는 걸 알아차립니다. 결국 그런 비판들은 교총의 반발에 괄호 치고 ~를 단 것에 불과하죠. 피와 살로 이루어진 교사들은 여기에서도 무시되고 교사라는 이름은 또 다른 상징이 됩니다. 굳은 생각인 건 피차 마찬가지인 거죠.

패닉은 그런 욕을 할 권리가 있습니다. 그건 예술가들의 특권입니다. 그러나 그것은 모든 사람들의 특권이 될 수는 없습니다. '괄호 치고 ~달기' 이상의 이성적인 판단을 해야 하는 사람들이 어딘가 있어야 하는 겁니다.

2. 「여고 괴담 두번째 이야기」는 자생적 컬트 영화일까?

I

얼마 전에 「여고 괴담 두번째 이야기」의 팬 중 한 명한테서 메일을 받았습니다. 유니텔에 「여고 괴담 두번째 이야기」에 대한 토론이 벌어졌으니 동참해달라는 것이었죠. 유감스럽게도 전 유니텔을 이용하지 않고, 이용한다고 하더라도 그런 토론에는 끼여들지 않습니다.

그러나 생판 모르는 사람들에게 이런 메일을 보내는 팬들의 열정에는 흥미가 있습니다. 사실 메일을 받기 전부터 흥

미가 있었지요. 이 영화는 개봉 직후부터 자생적인 컬트 영
화가 될 조짐을 보이고 있었으니까요.

II

과연 우리나라에도 컬트 영화가 있을까요? (또는 있었을
까요?)

김기영이나 남기남, 김기덕의 영화들은 어떨까요? 글쎄
요. 모두 미국에서 활동했다면 정말 컬트 영화 감독이 되었
을 수도 있었던 사람들입니다.

그러나 김기영 열풍을 주도한 사람들은 관객들이 아니라
평론가나 영화 전문가들이었습니다. 김기덕 역시 관객들보
다는 평론가들의 지지를 더 받았고요. 남기남은 컬트가 될
만큼의 추종자들을 모으지 못했지요. 그들은 모두 흥미로운
사람들이지만 자생적 '컬트 팬'들을 생산한 적은 없습니다.

의도적으로 미국식 'B급 영화'나 '컬트 영화'를 표방했던
「마스카라」나 「절대 사랑」과 같은 영화들은 어떻습니까?
흠…… 전 이 영화의 열성 팬들을 만난 적이 없습니다. 여러
분도 없을걸요.

당연한 일이지요. 컬트는 지극히 미국적인 현상이니까요.
몇십 년 전 남의 나라에서 시작된 사회 현상이 우리나라에서
일어나지 않는다고 서운해할 필요는 없습니다. 컬트 현상이
영화의 질적 가치를 향상시키는 것도 아니니까요. 어쩌다 컬

「여고 괴담 두번째 이야기」

트 영화가 되었다고 해서 그 영화들이 모두 '저주받은 걸작'
이 되는 건 아닙니다.

　그러나 조금 부러워할 수는 있습니다. 이 현상은 인기 없
는 작품이어도 꾸준히 소스가 보급되고 토론의 장이 열리는
문화적 환경 속에서 일어나기 때문입니다. 컬트 현상 자체를
부러워할 필요는 없어도 이런 환경은 부러워해도 됩니다. 우
리는 아직까지도 제대로 못 누리고 있는 환경이니까요.

Ⅲ

　「여고 괴담 두번째 이야기」는 언뜻 보기에 미국식 컬트와
별상관이 없는 작품처럼 보입니다. 이 영화는 날씬하고 깔끔
하게 만들어진 주류 영화이며, 그보다 더 히트한 주류 영화
의 속편입니다. 자극적이거나 일탈적인 요소는 별로 없고,
오히려 세련된 '예술 영화'를 지향하고 있지요. 동성애 소재
가 이런 소재에 수줍은 편인 한국 관객들에게 조금 충격적이
었을지 몰라도, 정작 표현 방법은 예스럽고 얌전하며 순진하
기까지 합니다.

　오히려 전편인 「여고 괴담」이 고전적인 컬트 영화의 모양
새에 가깝습니다. B급 호러 영화식의 '캠피'*한 자극과 어처
구니없을 정도로 노골적인 메시지가 재미있는 부조화를 만

---

* 캠프camp: 야함, 속됨, 진부함을 의식적으로 살린 예술 표현.

들어내던 작품이었잖아요.

하지만 이 두 영화가 일으킨 반응은 정석과 정반대였습니다. 「여고 괴담」은 매우 정상적인 히트작이었습니다. 비판의 대상이 된 교사들이 약간의 소란을 일으키긴 했지만 대부분의 관객들은 별부담 없이 이 영화를 받아들였고 즐겼습니다.

「여고 괴담 두번째 이야기」의 결과는 달랐습니다. 평론가들에겐 별문제가 없었습니다. 이들이 흥미롭게 볼 만한 구석이 많은 영화니까요. 많은 평론가들이 이 영화에 호의적이었고 부정적인 평가를 내린 평론가들도 그렇게 적극적이지는 않았습니다.

문제는 관객들이었습니다. 이 영화에 대한 관객들의 반응은 극단적입니다. 대부분의 관객들은 영화가 따분하고 공허하다고 생각합니다. 그러나 그 반대쪽엔 소수의 열정적인 마니아들이 중독된 듯 끝도 없이 되풀이해 보며, 조금이라도 욕설 비슷한 소리가 들리면 눈에 불을 켜고 달려듭니다.

그들은 '컬트 팬'들입니다. 김기영이나 남기남 팬들보다 훨씬 '컬트 팬'의 정의에 잘 들어맞는 사람들이지요.

한번 일일이 따져볼까요? 그들의 열정은 결코 평론가들에 의해 조성된 것이 아닙니다. 그렇다고 그들이 영화 팬들의 '스노비시한' 과시욕을 내세운 것도 아닙니다. 그들은 그냥 그 영화가 좋은 겁니다. 그건 공식 홈페이지의 게시판에 들어가 보면 압니다. 이들의 열정은 결코 외부에서 주입된 것이 아닙니다.

그 열정은 아카데믹하지도 않습니다. 그들은 그냥 일반 관객들입니다. 대부분은 홈페이지 게시판에 들어갔다가, 적당한 말을 찾지 못해 더듬거리다 조용히 빠져나오는 사람들입니다.

그들은 그 영화를 싫어하는 일반 관객들의 압력에도 불구하고 이 영화를 좋아하는 사람들입니다. 대중의 불평은 집단적 성향이 강한 우리나라에선 평론가의 악평보다 훨씬 큰 압력이지요. 실제로 이들 중 몇 명은 이 영화의 팬이라는 이유 때문에 놀림까지 당합니다!

왜 이들은 이 영화에 몰두하는 걸까요? 여러 가지 이유가 있겠지요. 영화를 보며 여고 시절의 추억을 되새겼던 사람들도 있었겠고, 동성애 소재에 매료된 사람도 있었겠고…… 아니면 그냥 예쁜 신인 배우들이 좋았을 수도 있을 겁니다.

중요한 것은 이유가 아닙니다. 그 모양이지요. 이들은 정말로 자생적 컬트 팬의 모양을 갖추고 있습니다. 「여고 괴담 두번째 이야기」는 에드 우드의 영화들이 그랬던 것처럼 의도하지 않은 열성 팬들을 끌어모은 영화입니다. 단지 에드 우드의 영화들은 형편없는 Z 무비였지만 「여고 괴담 두번째 이야기」는 상당히 난해하기까지 한 '예술 영화'라는 게 차이랄까요.

IV

그래서 뭐가 어쨌다는 걸까요? 「여고 괴담 두번째 이야

120

기」가 정말 드문 국산 컬트라는 것이 그렇게까지 대단한 일일까요? 아까까지만 해도 전 '컬트'가 그렇게까지 엄청난 현상은 아니라고 말했잖아요.

대단한 일은 아닐지 몰라도 재미있는 일이긴 합니다. 모든 희귀한 현상은 희귀하다는 이유만으로 일단 재미있으니까요.

적극적으로 긍정적인 요소를 찾을 수도 있습니다. 스노비즘의 영향 없이 자생적으로 발생한 소수 열성 팬들의 존재는, 우리 관객들이 보기만큼 떼거리가 아니라는 증거가 됩니다. 그리고 이건 앞으로 더 다양한 영화들을 나올 수 있게 하는 기반이 되지요.

인터넷의 역할에 대해 생각할 수도 있습니다. 이 새로운 도구는 예전 같으면 모래알처럼 흩어져버렸을 사람들을 결집시켜 하나의 팬 집단을 형성하는 데 결정적인 역할을 했습니다. 그뿐 아니라 이 영화 팬들의 꽤 큰 부분을 차지하는 성적 소수자들에게 마음놓고 자신의 감상을 표출하게 하는 자리를 제공하기도 했지요. 둘 다 모두 발전적인 것들입니다.

앞으로 이 '컬트 팬'들은 계속 유지될 수 있을까요? 모르겠군요. 이들의 운명을 좌지우지하는 요소들은 아주 많으니까요. 그러나 그 중 가장 큰 요소는 역시 소스의 지속적인 보급일 겁니다. 과연 우리나라의 비디오 시장과 방송이 그 역할을 해낼 수 있을까요?

막힌 정보들

1. 검열의 진짜 기능

「어글리 The Ugly」에서 주인공 살인광이 진짜로 죽인 사람은 의붓어머니가 아닌 친어머니라는 것을 모르는 사람 있으면 손 들어보세요.

없죠? 당연합니다. 아주 상식적인 영어 청취 능력만 있어도 그런 걸 구별하는 데에는 아무런 문제가 없고 또 여러 매스컴에서 이미 친절하게 정보를 제공해주었으니까요. 따라서 친어머니를 의붓어머로 바꾼 자막은 순전히 눈 가리고 아웅이었던 셈입니다.

한마디로 전혀 가치 없는 일이었지요. 심의라는 것이 해야 하는 일이란 그네들이 생각하는 적정 수준에 맞추어 관객들에게 제공할 정보를 차단하는 것이니까요. 그래도 이런 일은 계속 이어지고 또 앞으로도 이어질 것인데, 정작 정보 차단의 기능은 못 하지만 원래 법규와 규정이라는 것은 공룡같이

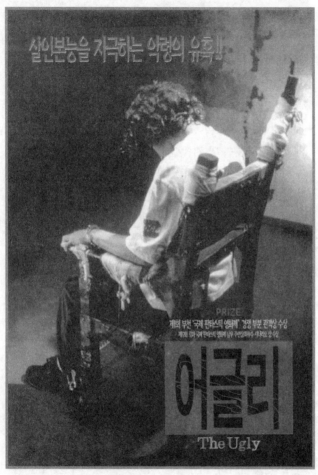

살인본능을 지극하는 악령의 유혹!

PRIZE
제1회 부천 '국제 판타스틱 영화제' 경쟁 부문 관객상 수상
제1회 부천 '국제 판타스틱 영화제' 남우 주연상(최민수·백윤식) 수상

어글리

The Ugly

「어글리」

둔하고 무거워서 움직이기가 결코 쉽지 않기 때문입니다.

불과 십여 년 전까지만 해도 검열과 심의라는 것들이 정보를 차단하는 기능을 정말로 했다는 것을 생각하면 세상 참 많이 변했다는 생각이 듭니다. 검게 칠해진 외국 잡지들이나 툭툭 잘린 영화들을 마주하면서 우리가 할 수 있었던 것은 기껏해야 야유 섞인 한숨뿐이었지요.

하지만 지금은 그렇지 않습니다. 머리가 꽉 막힌 관료들이 지오시티스Geocities 서비스 전체를 막아도 들어가려고 마음만 먹으면 얼마든지 들어갈 수 있고, 극장에서 「크래시Crash」의 툭툭 끊긴 필름이 돌아가는 중에도 영화광들은 구석방에서 LD과 비디오로 노 컷 버전을 보고 있었으니까요. 「스크림Scream」이 수입 불가라지만 그 영화 안 본 호러 팬이 있으면 나와보라고 해요.

이렇게 되니 이런 형식적 정보 차단은 엉뚱한 방향으로 비틀어지기 시작합니다. 하라는 정보 차단은 안 하고 엉뚱하게 정보 수용자들의 계급을 나누기 시작하는 거죠. 여러분이 모뎀 사용자고 여전히 지오시티스로 가는 문들을 모조리 턱 가로막아놓은 무식한 서비스 안에 있다면 옆길로 빠지는 것이 짜증나서 차마 거기에 들어갈 엄두가 안 날 겁니다. 마찬가지로 여러분이 열광적인 영화 팬도 아니고 인터넷으로 LD를 주문할 경제력이나 시네마테크를 찾아 돌아다닐 시간이나 정보 능력도 없다면 그 유명하다는 「스크림」도 그림의 떡일 뿐이지요.

고로 돈 없고 시간 없는 '보통' 사람들은 툭툭 끊긴 영화를 보면서 그런 것을 피할 수 있었던 잽싸고 돈 많은 사람들을 부러워하며 툴툴거리게 되고, 그런 기회를 잡을 수 있었던 똑똑한 친구들은 그러지 못한 딱한 중생들 위에서 으쓱거릴 기회를 잡게 됩니다. 그네들 중 몇 명은 속으로 필름을 그렇게 툭툭 끊어버린 사람들에게 고마워하고 있지 않을까요?

뭐 남들 못 본 것들을 보고 으쓱대는 것 정도야 그렇게 대단한 일은 아니죠. 하지만 그렇게 배포된 정보가 제한된 사람들 사이에서만 돌면서 형성시키는 '생각들'은 꽤 위험할 수도 있습니다. 좁은 연못은 쉽게 썩게 마련이니까요.

2. 검은 사각형 지우기

1997년 프랑스판 『보그』 4월호에는 프랑스 사람들의 살 빼기 열풍에 대한 기사가 하나 실려 있었는데, 독자들의 약을 올리기 위해서였는지, 아니면 단지 판매 부수를 높이기 위해서였는지는 몰라도, 그 사람들, 그 기사에다가 어빙 펜 Irving Penn이 찍은 패션 모델 샬롬 할로의 전신 누드 사진을 끼워 놓았답니다. 뭐 기가 막히게 대단한 뉴스는 아니지요. 유럽 잡지에서는 흔한 일이니까요.

이 주제에 대해 이야기를 시작한다면 끝도 없고 한도 없겠지만, 사진 그 자체를 따지고 보면, 노련한 펜 영감이 찍은 그 사진은 아름답습니다. 브랑쿠시 Constantin Brâncuçi나 자코메티 Alberto Giacometti의 작품에서 보이는 그런 간결한 아름다움 있잖아요. 매우 정갈하고 또 '누드'라는 점을 제외하면 전혀 에로틱한 요소가 없지요.

그런데도 문체부를 통해 거쳐온 잡지들선 그 사진의 특정 부위가 지우개로 박박 지워져나갔답니다. 사진집에 관심 있으신 분들에게는 매우 익숙한 일이지요. 저 역시 지우개질 당한 앨버트 왓슨 Albert Watson의 사진집을 하나 가지고 있는데 볼 때마다 짜증이 납니다. 그때마다 난 문체부의 어느 음침한 방에 앉은 누군가가 그 잘생긴 남녀의 어딘가를 지우개로 지우는 장면을 상상한답니다. 쓱싹쓱싹쓱싹…… 암만 생각해도 그렇게 정상적으로 보이지는 않는군요.

이번에는 비슷하지만 약간 다른 경우입니다. 가끔 인터넷의 성인 사이트에 들어가면 야한 포즈를 취한 여자 모델들의 몸의 일부가 까만색 사각형으로 가려져 있는 샘플 사진들을 볼 수 있지요. 좀더 관심 있는 사람들은 돈을 지불하고 아이디와 비번을 얻어 까만 사각형이 없는 사진을 볼 수 있습니다. :-) 이런 사진들을 볼 때면, 과연 무엇 하러 그 양반들이 돈을 내면서까지 사진의 나머지를 보려고 하는지 궁금하지 않을 수 없죠. 실제로 어떤 사진이 야하다면 그것은 포즈나 분위기 또는 상황 때문이지, 누구에게나 다 있는 특정 신체 부위 때문은 아닐 테니 말입니다. 까만 사각형을 지워보았자, 우리 인간의 신체 부위 중 가장 아름답다고 할 수 없는 나머지 부분을 볼 수 있을 뿐입니다. 하지만 사람들은 돈을 내고 그 사진들을 봅니다.

그리고 보면 지구상의 많은 검열 제도와 섹스 산업은 마치 인간에게 생식기라는 것이 있다는 사실을 부인하는 정부와 비밀리에 그 사실을 공표하려는 게릴라들의 전쟁 같습니다. 윤리적인 문제로 보이지는 않고 어딘가 사이비 생물학 냄새가 풍기네요. 여기에는 세상에 섹스라는 것도 있다는 걸 알아차린 틴에이저의 순진한 열광과도 같은 것도 스며 있지요.

문제는 이들이 다 큰 어른들이라는 것입니다. 다시 한 번 궁금해지는군요. 틴에이저들이야 그네들의 이유가 있다고 치더라도, 이미 경험할 대로 경험한 어른들이 돈까지 내면서 기어코 까만 사각형을 없애려는 이유가 뭔지요. 말이 나왔으니 하는 말인데, 치모 노출 금지라는 마지노선 앞에 서서 무지한 대중들을 지키기 위해 총칼을 휘두르는 양반들은 자기가 무엇으로부터 누구를 보호하는지 알고나 있는 걸까요?

누드들이 판을 치는 피터 그리너웨이Peter Greenaway의 영화들을 구경하면서 그런 생각을 했습니다. 생식기가 달린 인간의 육체라는 것이 존재한다는 간단한 사실을 받아들일 수 있을 만큼 세상이 성숙하려면 얼마나 걸릴까, 단지 옷을 벗었다는 이유 하나 때문에 인간의 육체를 곧장 섹스로 연결시키는 세상이 변하려면 얼마나 걸릴까. 하지만 이런 미숙함 때문에 세상이 참 귀여워 보이기도 하네요.

3. 검열보다 더 두려운 것

얼마 전 어떤 대화방에서 모 작가의 소모임을 추진하는 두 분과 이야기를 나눈 적이 있답니다. 한참 이야기가 흘러가는데, 대상이 되는 그 양반의 경제학 부분의 게시판을 어떻게 할 것인가가 화제의 중심이 되었습니다. 무가치하고 소모적인 토론을 없애기 위해서 그 부분은 회원 전용으로 할 것인가? 아니면 그것도 비회원에게 공개로 할 것인가? 한참 이야기 끝에 일단 공개 게시판으로 하기로 하고 이야기가 끝났어요.

사실 그분들이 조심스럽게 '회원 전용' 아이디어를 꺼낸 것도 이해 못 할 일은 아니었어요. 대부분 그런 논쟁은 처음부터 편가르기에서 시작된 감정적인 싸움으로 끝나는 게 대부분이었기 때문입니다. 그러나 그렇다고 해서 어떤 토론이건간에 발생의 가능성부터 막는다는 생각 자체가 아무래도 껄끄럽지요?

하지만 통신망의 많은 게시판에서 그런 일들이 일어납니다. 몇몇은 게시판의 성격에 맞지 않아서일 수도 있지만, 또

많은 경우는 관리자 자신이 토론을 두려워하기 때문입니다. 하긴 게시판에서 토론을 오래 끌게 되면 결과는 둘 중 하나입니다. 에너지가 고갈되어서 시들시들해지거나, 감정 싸움으로 욕설이 난무하거나(의견 일치 따위는 초신성 폭발처럼 희귀한 경우라는 건 여러분도 아시겠지요).

감정 싸움까지 가게 된다면 그것은 문제이고 그걸 막는 것은 관리자의 의무일 것입니다. 하지만 지면이 제한되어 있고 독자들에게 쓸데없는 것을 읽히지 말아야 할 의무가 있는 잡지 같은 인쇄 매체가 아닌, 아무나 자기 의견을 개진할 수 있고 공간 제한도 없는 통신망의 게시판에서 뒤처리가 두렵다고 토론 자체를 막아버릴 근거는 없는 겁니다. 가치 평가가 뒤바뀐 것이지요. 토론의 부작용이 있을 수도 있으니 토론을 안 하는 게 낫다?

사전 심의제가 없어진다는 그 옛날의 반짝하던 소식이 나왔을 때, 꽤 많은 사람들이 공윤이 그 동안 해왔던 '이익 단체간의 알력 중재'를 이제 누가 할 것인가 하고 심각하게 고민했던 것이 생각납니다. 하지만 왜 그런 걸 저 높은 곳에 있는 잘난 사람들이 해야 합니까? 그것도 처음부터 논쟁의 씨를 말려버리는 방식으로요. 그 덕분에 촬영 시작도 못 해보고 죽어버린 「비구니」 같은 영화들을 생각해보세요.

결국 좋은 게 좋은 거니 처음부터 남 신경 긁는 소리말고 둥글게 살자는 말인데, 저 높은 곳에 있는 잘나신 분들의 압력 없이도 이런 엄청난 생각을 나름대로 자유롭다고 생각되는 통신망에서 우리 같은 보통 사람들이 스스로 생각해내고 실천하고 있다는 사실에 공포심이 들지 않을 수 없습니다. 공윤이 없어지고 검열이 없어지더라도 모 다큐멘터리 영화제에서 그랬던 것처럼 우리가 알아서 자발적으로 잘해낼 거라는 생각이 드는군요.

장르와 편견

1. 장르의 명칭

I

장르를 이해할 때 주의해야 할 점들 중 가장 중요한 것은 장르의 명칭에 속지 말라는 것입니다. 장르의 명칭은 장르를 정의하지 않습니다. 서점 추리소설 진열대에 가서 아무 책이나 뽑아보세요. 예를 들어 프레드릭 포사이스Frederick Forsyth의 책이 나왔다고 합시다. 그 장르에서는 매우 잘 나가는 작가죠. 그런데 포사이스의 소설의 어디에 '추리'가 있고 '탐정'이 있습니까? SF만 해도, 뉴 웨이브 이후에 나온 수많은 소설들을 들여다보면 '과학'의 '과'자도 보이지 않는 작품들이 수두룩합니다. 도대체 왜 이런 일이 일어나는 걸까요?

답: 장르의 이름은 탄생 초기에 임의로 지어진 것이기 때문에 장르의 발전을 감당하지 못합니다. 따라서 이런 명칭들로 장르를 설명하려다가는 큰코다치게 됩니다.

아마 공포 영화라는 것에 대해서도 같은 이야기를 할 수 있을 겁니다. 이 장르에는 소복 입은 처녀 귀신에서부터 프레디 크루거까지 다양한 소재들이 다양한 영화 속에 섞여 있습니다. 그런데 이 영화들이 과연 관객들에게 '공포'만을 조성하기 위한 것일까요? 그게 장르의 목적일까요?

아마 그렇겠지요. 그러나 공포와 깜짝 쇼만을 기대하고 이 장르의 영화를 보는 사람들은 수많은 재미들을 그냥 놓치고 맙니다. 예를 들어 프레디 크루거의 끔찍한 화상 분장도 관객들에게 단순한 공포·혐오만을 제공하기 위한 것은 아닙니다. 거기에는 나름대로 그로테스크한 아름다움이 있고 그러한 미학은 공포 영화의 가장 기초적인 요소입니다. 로버트 와이즈Robert Wise의 「시체 도둑The Body Snatcher」이 풍기는 거창하고 음산한 분위기 또한 단순히 공포감만을 조성하기 위한 것은 아니지만 역시 이 장르의 기초적인 요소지요.

「여고 괴담」을 보고 난 뒤 여러 공포 영화광들과 이 영화에 대해 상당히 긴 대화를 나누었는데, 많은 부분에 그네들과 동의하면서도 그들 중 상당수가 지나치게 공포 영화의 범위를 좁게 잡고 있다고 느끼지 않을 수 없었습니다. 그네들 중 일부는 80년대 슬래셔 무비 이외의 것은 공포 영화로 인정도 하지 않으려는 것 같았으니 듣는 사람이 숨이 막힐 수밖에요. 매운맛의 강도에만 몰두하는 초보 카레 애호가들이 그 사람들과 똑같답니다. 카레의 맛을 좌우하는 것이 단순히

매운맛의 강도가 아닌 것처럼 공포 영화도 꼭 공포와 잔혹만으로 구성된 것은 아닙니다.

현대 스플래터 무비들도 그냥 공포와 잔혹을 제공하기 위해 허공 중에서 툭 튀어나온 것이 아니라 유니버설 영화부터, 아니 에디슨 영화의 털보 프랑켄슈타인 괴물부터 시작된 길고긴 전통이 쌓인 끝에 이루어진 것들입니다. 그것만 맛본다면 우리는 장르의 극히 일부밖에 체험할 수 없는 것이며 심지어 그런 영화도 제대로 감상하고 있는 것이 아닐 수도 있습니다.

II

종종 엉겁결에 내뱉은 단어 때문에 난처해지는 경우가 있습니다. 여러분이 열정적인 추리소설 애호가와 이야기를 나누는 동안 상대방이 그토록 소중히 여기는 장르를 두고 '탐정소설'이라고 불렀다고 칩시다. 순식간에 바늘처럼 날카로운 시선이 날아와 여러분의 몸을 쿡쿡 찔러댈 것입니다.

골수 SF 독자들과 이야기를 나눌 때는 더 조심해야 합니다. '공상 과학'이라는 말이 입에서 튀어나오는 즉시 벼락이 떨어질 테니까요.

왜 그들은 이런 단어들에 그렇게 예민하게 반응하는 것일까요? 탐정소설은 이해할 수 있습니다. 요새 추리소설 중 명탐정들이 나와서 사건을 해결하는 작품은 몇 안 되니까요.

그렇다면 '공상 과학'은 왜요?

간단합니다. 한마디로 공상이라는 말이 장르의 격을 떨어뜨린다고 생각하는 것이죠. SF 장르 팬들은 오래 전부터 이 장르가 뜬구름 잡는 허황한 이야기라고 낮게 평가하는 말을 너무 많이 들어왔기 때문에 '공상'이라는 말을 지워버리고 싶어합니다. 추리소설 팬들도 마찬가지라고 할 수 있죠. 추리소설이 탐정소설보다 더 폭이 넓고 품위 있게 들리지요.

대안은 무엇일까요? 공상을 떼면 '과학소설'이 남습니다. 괜찮은 역어지요. science fiction의 직역으로 볼 수 있으니까요.

하지만 전 그냥 SF라는 단어를 쓰고 싶습니다. 만화나 영화와 구별하기 위해 SF 소설이라고 쓸 수도 있죠. SF novel이나 SF story라는 표현은 오래 전부터 쓰이고 있으니 '역전 앞'과 같은 말들을 자연스럽게 쓰는 한국어의 특성을 고려하지 않는다고 해도 그렇게 중복되는 말이 아닙니다.

그런데 왜 SF라는 표현이 '과학소설'이라는 표현보다 낫다는 것일까요?

뜻이 불분명하기 때문이죠. SF는 물론 science fiction을 줄인 말입니다. 하지만 SF라고 발음해보세요. 과학도 사라지고 픽션도 사라집니다. 그건 그냥 의미없는 음의 조합일 뿐이지요.

하지만 '과학소설'에는 그 불분명한 느낌이 없습니다. 과학소설은 뭔가 과학과 관련된 소설들입니다. 아무리 피하려고 해도 '과학'에서 탈출할 수 없어요.

장르가 막 태어나려고 했던 휴고 건스백Hugo Gernsback의 시대에 '과학소설'은 완벽하게 들어맞는 표현이었습니다. 당시 SF는 정말로 과학적 사실과 예언적 비전을 혼합한 로망스였으니까요.

하지만 장르는 결코 탄생 당시 정의된 굴레 안에 남아 있지 않습니다. 그들은 발전하고 영역을 넓혀갑니다. SF 역시 예외는 아니었습니다.

이제 '과학'이나 '예언'과는 아무 상관 없는 수많은 SF들이 탄생합니다. 대표적인 예가 어슐러 르 귄의 「오멜라스에서 걸어나온 사람들」이죠. 영어로 쓰어진 가장 중요한 SF 단편으로 알려진 작품이지만 과학의 '과'자도 보이지 않습니다. 그래도 장르 내의 사람들은 그 작품에 휴고상을 주고 장르의 대표작으로 인정하고 있죠.

어째야 할까요? 다시 정의를 할까요? 그 역시 시간 낭비입니다. 이미 오래 전부터 굳어진 단어를 바꾸는 것은 혼란만 초래할 뿐이죠. 어떻게 어떻게 바꾸었다고 해도 그 정의 역시 고정적이라는 증거는 없습니다. 앞의 두 개가 보장된다고 해도 새 단어를 만드는 건 결코 쉬운 일이 아니에요. 지금까지 가장 성공한 대체 용어는 '사변소설 speculative fiction'이라는 것입니다만 그 역시 대체용으로 사용될 만큼 유명해지지는 않았습니다.

SF는 그래서 여러모로 편리합니다. 아무것도 아니므로 어떤 것도 될 수 있으니까요. 물론 'speculative fiction'도 될 수 있습니다. 이 혀 꼬부라지는 단어의 머릿말이 SF인 것이 우연이라고 생각하지는 않으시겠지요?

장르 독자들은 과학소설이라고 자기 장르를 불러도 됩니다. 이미 독자들은 오랜 독서와 습관을 통해 그 범위를 알고 있으니까요. 하지만 대외용으로는 약간 문제가 있습니다. 국외자인 독자들이나 평론가들은 장르의 이름을 들어 일단 정의부터 하고 접근하는 경향이 있으니까요. 그 덕택에 과학소설의 경계는 줄어들고 그 좁아진 경계 안에서 비평과 독서의 힘도 축소됩니다. 이 모든 것이 장르 명칭에 매달린 결과지요.

얼마 전에 나온 보르헤스 전집 제5권인 『셰익스피어의 기억』을 보면 다음과 같은 역자의 해설이 나옵니다.

보르헤스는 영미권의 대표적인 공상과학소설들을 번역해 스페인어권에 소개시킨 적이 있을 정도로 이 장르에 지대한 관심을 가지고 있었다. 그럼에도 불구하고 그의 작품 중에서 SF적 상상력이 구체적으로 적용되어 있는 작품은 「지친 자의 유토피아」 단 한 편뿐이다.

정말 그럴까요? SF 팬들은 그렇게 생각하지 않을 겁니다. 「바벨의 도서관」 「브로디의 보고서」와 같은 작품들은 거의 순수한 SF 소설들입니다. 'speculative fiction'으로 넓게 잡을 필요도 없죠. 맘 편하게 넓게 잡는다면 「알레프」나 「모래의 책」과 같은 작품들도 장르 안에 술술 들어옵니다. 실제로 60년대 뉴 웨이브 SF 작가들에게 영감을 주고 동시에 좌절시켰던 보르헤스의 작품들은 대부분 이런 것들이었습니다. "「지친 자의 유토피아」는 미래를 다룬 유일한 보르헤스 소설이니까 그의 유일한 SF다"라는 순진 소박한 믿음으로 장르에 접근한다면 시작도 할 수 없죠. SF를 이해할 수 없을 뿐만 아니라 보르헤스에도 제대로 접근할 수 없습니다.

장르란 참 골치 아픈 물건입니다. 없다고 할 수는 없습니다. 시장이 존재하고 명칭이 존재하며 독자가 존재하는데, 그런 걸 무시하는 것은 바보들이나 할 짓이죠. 하지만 그 대상은 정의도 하기 힘들고 경계도 불분명한 유령과도 같은 존재입니다. 그렇다면 장르를 의미하는 최선의 명칭은 대상만큼이나 의미가 불분명해야 하지 않을까요? 명칭의 의미가 약해질수록 사용은 정확해집니다.

III

장르에 대한 편견에 대해 불평을 늘어놓으라고 한다면, 전 할 말이 꽤 많습니다. 아마도 제가 SF라는 게토화된 장르에 속한 글을 쓰고 있기 때문이겠지요.

네, 게토화된 장르라고 했습니다. 할리우드가 디지털 특수 효과 전시장 같은 영화들을 여름마다 쏟아낸다고 해서 SF라는 장르가 빛나는 것은 아닙니다. 그 대부분의 영화들은 SF의 아이디어들을 살짝 빌린 액션 영화들일 뿐입니다. 물론 그런 영화도 SF는 SF죠. 그러나 그런 SF들은 장르 주변에 걸터앉아 형식과 가능성의 극히 일부만 취할 뿐입니다. 그런 주제에 장르에 대한 선입견을 자기 주변에 끼워맞추고 있으니 세상 정말 싫어지죠. 많은 골수 SF 팬들은 그 작품들이 오히려 장르에 대한 오해만 누적시키고 있다고 믿습니다.

여러분이 이런 불평을 모두 받아들여야 할 필요는 없습니다. 이런 불평에는 나름대로 폐쇄적인 귀족주의가 숨어 있고 그것 역시 그렇게 건전한 것은 아닙니다. 그러나 그 중 일부는 시간 여유를 두고 생각해볼 만한 것입니다. 특히 장르에 대한 일반인들의 편견에 대해서는 말입니다.

영화 「가타카 Gattaca」를 보면서 제가 가장 강하게 느낄 수 있었던 것은 고향에라도 온 것 같은 푸근함이었습니다. 이 영화는 정말 보기 드물 정도로 순도가 높은 SF 영화였으니까요. 심지어 SF가 되기 위해 그 흔한 특수 효과도 거의 쓸 필요 없었으니 말 다했지요.

그랬으니 "「가타카」는 SF가 아니다" 또는 "「가타카」가 별로 SF 같지 않다"라는 말을 사방에서 듣기 시작했을 때 제가 얼마나 놀랐겠어요. 정말 그런 말을 들었답니다. 몇 개는 통신망 게시판에서 읽었고 영화 퀴즈방에서도 그런 주장을 하

시는 분을 하나 만났어요. 어떤 평론가는 「가타카」의 이런 성격에 어리둥절해하면서 결국 '유럽식 SF'라는 정체 불명의 딱지를 붙이기까지 했습니다(그런데 유럽의 SF 영화들이 그런 딱지의 이름이 될 만큼 장르화가 되기나 했을까요?).

그런 주장을 하시는 분들이 그 근거로 "이 영화는 특수 효과를 (별로) 쓰고 있지 않다" "이 영화는 인간 정신의 승리를 이야기하고 있다"라는 것을 들었으니 장르 팬으로는 화가 날 수밖에 없습니다. 뒤집어 말하자면 SF에 대한 일반적인 인식이 '잔뜩 특수 효과를 쓴, 사람 냄새 없는 이야기'에 불과하다는 말이니까요. 가뜩이나 구석에 몰린 장르에 묶여 있는 게 아닌가 하는 피해 망상에 사로잡혀 있는 와중에 이런 반응을 들었으니 기분이 떨떠름해질 수밖에요.

이런 장르의 게토화와 선입견이 만들어내는 유해한 영향은 상당히 큽니다. 우선 SF라는 장르가, 어느 정도 돈주머니가 두둑해서 디지털 특수 효과에 예산의 상당 부분을 털어낼 수 있는 미국이라는 나라에만 집중되어 있는 것을 보세요.

그러나 SF가 과연 그런 대규모의 제작비가 절대로 필요한 장르일까요? 그럴 리가요. 스트루가츠키 Strugatsky 형제의 신나는 SF 소설 『종말 전 10억 년 Za Milliard Let Do Kontsa Sveta』을 영화화한다고 친다면 아파트 한 채와 배우 몇 명으로 족할 겁니다. 이번 선댄스를 뒤흔든 「파이 π」도 극도의 저예산으로 제작한 SF가 아니었습니까?

결국 SF가 '디지털 특수 효과 전시장'에 불과하다는 일반적인 인식이 다양한 창작 가능성을 말아먹고 있는 중이라는 말입니다. 다시 한 번 말하지만 SF는 훨씬 넓은 다양성과 가능성을 안고 있는 장르입니다. 제발 「파이」나 「가타카」와 같은 영화들이 적절한 선례를 보여주었으면 좋겠습니다. 특히 할리우드 밖의 돈 없는 영화인들한테 말이에요.

2. 그 뻔하고 뻔한 할리우드 영화들……

미국 케이블 텔레비전 채널인 코미디 센트럴을 통해 방영되는 못돼먹은 애니메이션 「사우스 파크South Park」의 팬들이 에피소드 때마다 기다리는 것은 이 시리즈의 등장인물 중 하나인 케니가 어떻게 죽는가입니다. 이 불쌍한 소년은 정말로 거의 모든 에피소드마다 죽습니다. 칼에 찔리고 총에 맞고 차에 깔리고 기타 등등…… 정말 운수가 더럽다고 하지 않을 수 없죠. 그렇다고 안 죽게 할 수도 없으니, 이미 케니의 죽음은 이 시리즈의 트레이드마크가 되어버렸기 때문입니다.

케니의 죽음은 그래도 참을 만합니다. 반복되는 것들은, 심지어 그것이 한 어린 소년의 죽음이라고 해도 가볍게 여겨질 수밖에 없기 때문입니다. 특히 「사우스 파크」의 시청자들에게 케니는 정말로 죽는다고 할 수는 없죠. 이번 에피소드에서는 학교 선생님의 칼에 찔려 죽었지만 다음 에피소드에서는 멀쩡한 모습으로 돌아와 또 다른 방식으로 살해된다는 걸 모두 알고 있으니까요.

하지만 영화 속에서 죽는 다른 아이들의 경우에도 관객들이 그와 같이 반응할 수는 없을 겁니다. 특히 아이들을 살해

「사우스 파크」

하는 내용은 지극히 불편하죠. 이런 것들은 우리들 마음 깊은 곳에서 올라온 아주 자연스러운 반응입니다. 이런 것을 위선적이라고 할 수는 없습니다.

「히치콕의 대화Hitchcock」에서 프랑수아 트뤼포François Truffaut는 「사보타주Sabotage」의 한 장면, 그러니까 실비아 시드니의 어린 동생이 폭탄에 의해 살해당하는 장면을 보고 어린이를 죽이는 것은 영화적 힘을 남용하는 것이 될 수도 있다고 지적하고 있습니다. 이 친절한 남자가 잠시 그의 약한 마음을 드러냈다고 할 수도 있겠지만, 그런 데에 마음 약해진다는 건 오히려 그가 건전한 사람이라는 걸 증명하는 것이겠지요. 저에게 「퍼니 게임 Funny Game」 같은 영화는 뻔한 위악적 제스처로밖에 보이지 않는답니다.

그러고 보니 '절대로 개는 안 죽는' 할리우드 영화들을 꼭 경멸할 필요도 없습니다. 사실 애완 동물 한 마리의 죽음은 「다이 하드 2Die Hard 2」에서 퇴장당하는 수많은 악당들의 죽음보다 더 강한 정서적 충격을 줍니다. 「위험한 정사Fatal Attraction」에서 가장 쇼킹한 장면이 바로 토끼를 요리하는 장면이라는 걸 생각해보세요.

'절대로 개는 안 죽이는' 비정상적인 상황들의 끝없는 반복을 비웃을 수도 있지만, 인간과 개의 목숨의 무게를 저울질해 비교하고 이런 것들을 감상주의라고 무조건 몰아붙이는 것은 단순히 차가운 방정식일 뿐입니다. 영화에서 중요한 것은 관객들과의 친밀도니까요. 이 설명이 모자란다고 생각하신다면, 그런 방정식만 가지고 어떤 영화를 만들 수 있을지 한번 생각해보세요.

관객들의 정서는 방정식보다 중요합니다. 당의정을 입힌 듯한 할리우드 영화들을 놀려대는 것이나 그런 규칙들을 파괴하는 영화를 만드는 것은 당연한 권리 행사입니다. 하지만 그렇다고 해서 그런 장면들을 보고 안심하는 관객들까지 멸시할 수는 없습니다. 영화가 그런 기초적인 감정적 기반까지 무시할 만큼 대단한 것입니까?

II

심지어 저도 팬 레터라는 것을 받습니다. 대부분 의미있는 문장보다 스마일리가 더 많고 동사보다 의성어가 더 많은 통신망식 전자 메일이기는 하지만 적어도 그것들을 받을 때마다 제 에고가 부풀어오른다는 건 부인할 수 없군요.

오늘도 인터넷을 통해 편지가 한 장 들어왔는데, 스마일리도 의성어도 없이 아주 분명한 질문 하나만을 담고 있었습니다. "그렇게 신경질적으로 할리우드 영화를 옹호하는 이유가 뭡니까?"

무엇보다 '신경질적으로'라는 말이 눈에 들어오더군요. 정곡을 찔렀다고 할 수밖에 없습니다. '그 뻔한 할리우드 영화'라는 말에 제가 파블로프식 조건 반사를 일으키는 것은 사실이기 때문입니다.

저 자신을 할리우드 영화 옹호자라고 주장하지는 않습니다. 전 그렇게 일관성 있는 사람도 아니고 구체적인 생각을 야무지게 발전시키는 사람도 아닙니다. 그렇기 때문에 원고지 10장도 못 넘어가는 글을 연재하며 연명하는 겁니다.

제가 '뻔한 할리우드 영화'라는 말에 예민한 것은 할리우드 영화의 질과는 아무 상관이 없습니다. 단지 그 표현이 싫은 거죠. 대부분의 경우, 전 그 단어가 진짜 생각을 담고 있다고 믿지 않습니다. '뻔한 할리우드 영화'라는 표현은 할리우드에서 생산되는 뻔한 영화보다 더 뻔한 머리에서 나온 군

144

은 표현에 불과합니다. 여기서부터는 상당히 강한 어조로 말할 수 있습니다. 근거가 있기 때문입니다.

일단 우리가 접하는 문화 환경을 생각해봅시다. 이러기는 정말 싫지만 억지로 가상의 평균 한국 관객을 만들어보죠. 이 사람의 문화 환경은 무엇으로 이루어져 있을까요? 상당량의 한국 TV 프로그램과, 역시 상당량의 일본 만화＋애니메이션, 상당량의 할리우드 영화, 꽤 많은 홍콩 영화들, 상당량의 한국 가요와 영어 팝 음악들입니다. 그것으로 끝이죠. 나머지는 기타 등등입니다. 시간 축을 수직으로 세워놓고 들여다보면 더 좁아집니다. 이 사람의 문화 환경을 구성하는 대부분은 기껏해야 최근 20년 안에 생산된 것들입니다.

그렇다면 '그 뻔함'을 비판할 비교 대상이 도대체 어디에 있단 말입니까? 뻔한 홍콩 영화요? 뻔한 한국 텔레비전 시리즈요? "저 평균 관객은 지식인의 표준이 아니다" 어쩌구 저쩌구라고 토를 달지 마시길 바랍니다. 환경은 어디서나 비슷합니다. 영화광들이라고 특별히 낮지도 않습니다. 게다가 '뻔한 할리우드 영화'라는 표현은 영화 전문가나 영화광들의 전유물도 아닙니다.

여기서부터 어설픈 증명을 하려는 척하는 시도는 포기하고 그냥 이야기하겠습니다. 어떤 장르, 또는 특정 국가의 어느 문화 상품들이 '뻔하다'고 비판하는 사람들은 중요한 두 가지를 모르고 있습니다.

하나는 미국의 SF 작가 시어도어 스터전 Theodore Sturgeon 의 위대한 경구입니다. 너무나도 중요한 말이기 때문에 감히 그냥 인용하지도 못하겠습니다. 고딕체에 밑줄까지 긋고 경건하게 낭송해보기로 하죠.

"SF의 90퍼센트는 쓰레기다. 그러나 모든 것의 90퍼센트는 쓰레기다."

따라서 대부분의 할리우드 영화가 쓰레기라면 그것은 비판의 대상이 될 수가 없습니다. 그것은 당연한 자연 법칙입니다. 거기서 쓰레기가 아닌 것이 10퍼센트 이상 나온다면 그것이야말로 대단한 것이죠. 그리고 솔직히 말해 우리나라에서 개봉되기까지 하는 할리우드 영화들 중 쓰레기는 90퍼센트보다 훨씬 적습니다. 중간에 걸러지는 단계가 있기 때문입니다.

유럽 영화, 아트 하우스 영화를 끌어대며 할리우드 영화 쓰레기론을 연장하려고 한다면 자신의 실수를 계속 연장하는 것이 될 뿐입니다. 우리가 볼 수 있는 그 기타 등등의 영화들은 할리우드 영화들에 비해 훨씬 적습니다. 따라서 그 대부분은 아주 질이 높은 것들입니다. 그것들만 보고 유럽 영화, 아트 하우스 영화들이 모두 그럴 거라고 착각하실 필요는 없습니다. 세상 어디를 가도 똑같으니까요. 아트 영화의 90퍼센트는 할리우드에서와 마찬가지로 쓰레기입니다. 그렇다면 10퍼센트에서 골라낸 영화들과 100퍼센트에서 골라낸 영화들을 일 대 일로 비교하는 것이 과연 옳은 방식입니까?

두번째는 새로운 것에 대한 과대 평가에서 나옵니다. 한번 생각해봅시다. 과연 우리는 성공적인 새것과 성공적인 옛것 중 어느 것을 성공적이라고 봐야 하는 걸까요? 비교적 더 솔직한 학문인 생물학에서 예를 끌어와보죠. 몇억 년 동안 거의 모습을 바꾸지 않고 생존해왔고 앞으로도 그만큼 버텨나갈 바퀴벌레와, 보호 지역과 제인 구달Jane Goodall만 없으면 해가 지기 전에 멸종할지도 모르는 침팬지 중 어느 쪽이 더 성공적인 종입니까?

우리가 '뻔하다'고 주장하는 것들의 대부분은 지금까지 수천 년을 버텨오며 생명력을 유지해오던 것들입니다. 우리가 '할리우드식'이라고 하는 것의 등뼈도 사실 할리우드와 무관하게 지금까지 생존해왔던 것이죠(이데올로기 문제는 이야기의 일관성을 위해 잠시 무시하기로 하고). 만약 위에 언급한 평균 관객이, 그것이 '할리우드식 인스턴트 공식'이라고 느꼈다면 그 이유의 대부분은 그 사람이 할리우드 영화밖에 보지 못했고 할리우드의 부당한 독점 때문에 그 당연한 것들이 다른 나라에서 제대로 생산되지 못하고 있기 때문입니다. 슬프게도 대다수의 관객들(그리고 놀랍게도 많은 평론가들)은

'할리우드식 스타일'과 내용의 보편성을 구별해낼 능력이 없습니다.

다시 말해 경험의 부족과 '말'만 날아다닐 뿐, 진짜 사고가 이루어지는 경우는 그렇게 많지 않다는 말입니다. 더 끔찍한 건 그 날아다니는 말이 수많은 사람들에게 그 '뻔한 것'을 솔직하게 즐기지 못하게 만들며, 또 즐기는 사람들에게 문화적 계급 차별을 느끼게 조장한다는 것이겠죠.

이 '공정한' 시대에……

1

「안토니아스 라인Antonia」을 깔깔거리며 신나게 본 뒤라, 한동안 이 영화에 대한 평들을 읽으며 돌아다녔답니다. 그런 데 글을 읽으면 읽을수록 계속 걸리는 내용들이 있습니다. "남성 적대의 교조적 여성주의 관념을 따르지 않고……" "여성주의적인 사상으로 남성들까지 아우르는 여유……" 기타 등등 기타 등등.

다 맞는 이야기고 또 그렇게 여유로운 척하면서 능청을 떠는 게 말린 호리스Marleen Gorris의 전략적 의도였겠지요. 그런데 왜 자꾸 이런 글들을 읽으면 뱃이 꼴리는 걸까요?

일단 첫번째 내용에 대해 "보고 읽은 게 없으니 고따위 소리나 하고 있지" 기타 등등의 건방진 말들이 막 나오려는 건 제 뱃속의 악마가 저를 건방 떠는 사람들의 지옥으로 떨어뜨리려는 음모일 테니 과감하게 무시하기로 하죠. 그러나 이 모든 이야기들이 전에도 아주 많이 들었던 어떤 말들의 메아리처럼 들리는 건 부인할 수 없습니다. 대충 뭉뚱그려 엮어내면 이렇죠. "너네들도 고생하지만 우리도 불쌍하잖아." 그럴싸한 말이지만, 이런 식의 변명이 얼마나 많은 폭력과 차별을 정당화하고 있는 지 압니까?

말린 호리스는 잠시 잊어버립시다. 문제는 그 사람들의 전략을 받아들이는 어떤 양반들의 생각입니다. 왜 모두들 그와 같은 영화들을 면죄부로 생각하려는 걸까요? 왜 도대체 아무것도 해결되지 않은 상황에서 표현의 평등성을 요구하려는 걸까요? 영화관에 앉아 끊임없이 이성에 대한 강간·살인·폭행 장면들을, 강간당하는 걸 마치 수태고지쯤으로 아는 등뼈 없는 여성 등장인물들을 당연하다는 듯이 구경하면서도 「안토니아스 라인」과 같은 영화에서 남자 등장인물이 바지 어딘가를 무언가로 한번 푹 찔리는 장면을 보면 전기 충격이라도 받은 것처럼 벌떡 일어나서 남성에 대한 폭력이라느니, 폭력으로 모든 것이 해결되는 것이 아니라느니 하면서 툴툴거리는 이유가 뭘까요? 분명 이런 사람들 중 상당수는 전략적 목적을 위해 극단적으로 이분화된 투쟁 영화들을 손뼉 치면서 보았을 텐데 말입니다.

여성 운동이건, 계급 투쟁이건 다를 게 없습니다. 왜 자기 손가락 하나 다치지 않고 모든 것을, 심지어 평등까지 얻으려 합니까? 여기가 정신이 똑바로 박힌 곳이라면, 그리고 어

「안토니아스 라인」

느 정도 공평한 정신을 가진 나라라면 평등뿐만 아니라 어느 정도의 역차별까지 수용할 수 있어야 합니다. 그렇지 않다면 그건 맹물로 염산을 중화시키라는 말과 전혀 다르지 않으니까요.

2

드루 배리모어 Drew Barrymore 주연의 영화 「에버 애프터 Ever After」가 거둔 비평적 성과는 그 영화에 점수를 꽤 높게 준 비평가들까지도 당황스럽게 만든 모양입니다. 이 영화가 '신데렐라' 이야기임에도 불구하고 흔한 동화 각색물의 함정에 빠지지 않았으며, 바로 그게 그 사람들을 놀라게 했다는 말이겠죠. 그게 사실이라면 다행스러운 일입니다.

하긴 고전 동화를 각색하는 것처럼 힘든 일은 없습니다. 그 대부분은 세월에 씻기고 닦여서 더 이상 덧붙이고 뺄 필요가 없는 완벽한 형태를 유지하고 있는 경우가 대부분이니까요. 이야기를 붙이고 현대적으로 업데이트하는 작업은 대부분 원작의 간결한 아름다움을 망쳐버리는 결과를 초래하고 맙니다. 그런데도 사람들은 계속 그 일을 하고 있습니다. 아이들에게 「파워 레인저 Power Rangers」말고 뭔가 다른 걸 주긴 줘야 하니까요.

「에버 애프터」

최근 경향은 '정치적으로 공정한' 각색입니다. 「에버 애프터」 이전에 나온 브랜디 Brandy 주연의 텔레비전 영화 「신데렐라」는 흑인 신데렐라에 필리핀계 왕자를 뒤섞는 등의 인종을 뒤섞은 설정을 선보였습니다. HBO의 애니메이션 시리즈인 「해필리 에버 애프터 Happily Ever After」는 그림이나 안데르센이 쓴 고전 동화들을 다양한 문화권에 이식시켜 각색하는 트릭을 쓰고 있습니다. 「에버 애프터」를 보지 않았으니 뭐라고 말할 수는 없지만 드루 배리모어의 신데렐라(영화에서는 다니엘 Danielle)가 그냥 얌전히 앉아서 착한 대모를 기다리는 여주인공이 아니라는 건 트레일러만 봐도 알 수 있죠.

나쁜 일은 아닙니다. 사실 꽤 긍정적인 경향이죠. 하지만 대부분의 '정치적 공정성' 운동이 그런 것처럼, 이 건전한 노력에는 어딘가 좀 희극적이고 작위적인 구석이 있습니다. 게다가 이런 각색은 조금 사기처럼 여겨지기도 합니다. 예를 들어 「백설공주」를 구성하는 모든 요소들은 '왕자에게 구원받아 결혼하는 공주'라는 기본 설정을 위해 봉사하고 있습니다. 그 구성이 너무나도 완벽하기 때문에 그걸 비틀면 기형적이 되고 말아요.

그렇다면 어떻게 할까요? 원작의 순수성을 보존하기 위해 고전 동화의 유해한 요소들을 눈 딱 감고 무시할까요? 그럴 수는 없죠. 그렇다고 부모가 일일이 쫓아다니면서 아이들의 문화 활동을 간섭하기도 뭣한 일입니다(게다가 부모라는 사람들이 과연 믿을 만한 조언자들이기는 합니까?). 그렇다고 그런 것들을 아이들로부터 차단한다면 인류가 지금까지 후대를 위해 쌓아놓은 수많은 아름다운 업적들을 무시하는 일이 되고 말 것입니다.

하나의 답만 있을 수는 없겠지요. 아마도 답은 질문보다 훨씬 복잡할 겁니다. 그러나 여기서 우리들은 지금까지 고민한 것과 전혀 상관없지만 그만큼 중요한 교훈을 얻을 수 있습니다. 조상들의 무심한 행동이 후세 사람들에게는 지독한 골칫거리가 된다는 거죠. 창작하는 사람들, 특히 그 중에서도 '꽤 잘하는 사람들'은 여기에 대해 신경을 좀 써야 할 거예요.

3

지금까지 미디어를 통해 소개된 동성애 이미지의 상당수는 이성애자들의 성적 팬터지입니다. 다시 말해 수많은 이성애자들은 이성 동성애자들의 이미지를 자신의 이성애적 성적 팬터지의 일부로 활용하고 있지요. 주변에 널린 것들이 대부분 그런 것이 아닙니까? 앤 라이스Anne Rice의 「뱀파이어 연대기 The Vampire Chronicle」 「엠마누엘Emmanuelle」 시리즈, 쿠르베Courbet와 보들레르Baudelaire, 동성애를 담은 수많은 순정 만화들…… 그것들은 아주 고급 예술일 수도 있고 저급일 수도 있습니다. 질이 낮을 수도 있고 높을 수도 있고요. 동성애자 당사자들의 공감을 얻을 수도 있고 아닐 수도 있습니다. 하지만 그것들이 '가짜'라는 것은 부인할 수 없는 사실이지요. 그 상당수가 이 나라에서 벌어지는 동성애 논쟁만큼이나 공허한 것도 이상하지 않습니다. 대상에 대한 지식이 부족하거나 하찮기 때문이지요. 물론 그럴싸한 트렌드로는 기능하지만요.

그래서 워쇼스키 형제The Wachowki Brothers의 「바운드 Bound」를 토월극장에서 처음 보았을 때, 어떤 흥미진진함을 느꼈던 것 같습니다. 워쇼스키 형제는 모두 이성애자 백인 남성들입니다. 그들이 왜 이 깔끔한 필름 누아르 영화에

「바운드」

레즈비어니즘을 도입했겠어요? 그들이 엄청나게 정치적으로 공정한 사람들이어서? 설마요. 그들의 레즈비언에 대한 흥미는 조 에스터하스 Joe Eszterhas가 「원초적 본능 Basic Instinct」과 「쇼걸 Showgirls」에서 분출시켰던 남성 팬터지의 논리("가슴 넷은 둘보다 낫다!")와 조금도 다르지 않습니다.

그러나 그들은 자신들의 성적 팬터지가 그대로 뻗어나가게 그냥 두지 않았습니다. 바로 여기서부터가 흥미있는 부분입니다. 그들은 결말을 훨씬 새롭게 만들고 '수지 섹스퍼트 Susie Sexpert'라는 별명으로 잘 알려진 소란스런 작가 수지 브라이트 Susie Bright를 끌어들여 레즈비언 섹스 신을 감수하게 만들었습니다. 광고에 따르면 그 때문에 바이올렛과 코키의 섹스 신이 훨씬 사실적이 되었다고 하더군요(솔직히 말해 전 고명하신 수지 섹스퍼트 여사의 성적 취향을 엿본 것에 불과하다는 생각이 더 들지만 말입니다).

하여간 전략의 문제입니다. 이 작은 터치만으로 에스터하스가 「원초적 본능」으로 두들겨맞을 때 「바운드」는 동성애자 관객들의 박수 갈채를 받았으니까요. 동일한 성적 팬터지를 어떻게 다루느냐가 관건이라고 할 수 있죠. 결국 영화를 만드는 사람들은 대상을 다루는 데 어느 정도 교활해질 필요가 있습니다. 단지 평론가들의 욕을 피하기 위해서가 아니라, 보다 많은 관객들을 끌어모으고 또 미래의 관객들에게도 지속적인 영향력을 발휘하기 위해서 말이죠.

하지만 워쇼스키 형제의 이런 편법도 이 나라 영화 감독들의 강간 팬터지를 정당화시켜주는 도구가 될 수는 없을 것 같군요. 팬터지도 팬터지 나름이죠.

4

언젠가 『타임』지는 폭스사의 텔레비전 시리즈인 「앨리 맥빌 Ally McBeal」(국내 방영 제목은 「앨리의 사랑 만들기」)의 주연 배우인 칼리스타 플록하트 Calista Flockhart의 사진을 글

로리아 스타이넘Gloria Steinam, 베티 프리던Betty Freedan
과 같은 옛 페미니스트들의 사진 옆에 놓고 "페미니즘은 죽
었는가?"라는 무시무시한 제목을 달아 커버에 실었습니다.
당사자인 플록하트는 그리 기분이 좋지 않았을 거예요. 어디
선가 들었는데 스타이넘은 그 사람의 오랜 우상 중 한 명이
라나요.

「앨리 맥빌」이 워낙 잘나갔으니까(한 해 가장 높은 시청률
을 올린 폭스 시리즈이며 에미상에도 10개 부문에 노미네이트
되었지요), 『타임』지의 커버는 그런 인기의 증거일지도 모릅
니다. 게다가 「앨리 맥빌」처럼 다양한 평가와 극단적인 애증
이 교차하는 캐릭터는 많지 않지요. 한쪽에서는 앨리가 90
년대 미국 여성들의 영혼을 대변한다고 하고 다른 한쪽에서
는 90년대 버전 베티 붑Betty Boob이라고 떠들어댔으니까
요. 언제나와 마찬가지로 진실은 그 어정쩡한 구석에 있겠
지만요.

그런데 갑자기 이런 생각이 머리를 스칩니다. 앨리는 노이
로제 증상이 있고 나름대로 지적이지만 끊임없이 멍청한 짓
을 해대며 늘 애정 관계에 집착하고 있습니다. 물론 모범적
인 페미니스트의 이상은 아니겠죠. 하지만 어딘가 우디 앨런
Woody Allen의 여성판이라는 생각이 들지 않습니까? (물론
우디 앨런은 메리 퀀트Mary Quant 이후 가장 짧은 미니스커트
를 입고 다니는 웨이프는 아니지만 이야기를 끌어가기 위해 멋

「앨리 맥빌의 칼리스타 플록하트」

대로 무시하기로 하고.) 하지만 우리는 우디 앨런을 반남성적
이라고 하지는 않습니다. 그의 관계 집착과 노이로제는 우디
앨런 당사자의 문제이지, 전체 남성의 문제는 아닙니다.

하지만 앨리 맥빌의 경우는 문제가 됩니다. 왜? 아직까지
앨리 같은 전문직 여성들은 '전사들'이니까요. 당사자들이 원
하건 원하지 않건, 그들은 최전선에 선 전사들이며 선전가입
니다. 그들이 조금 삐끗하면 그것은 당사자의 문제로 남지 않
고 곧 전체 직업 여성의 문제로 확대되며 그들의 개인사는 곧
장 스테레오타입의 찬장 속으로 떨어집니다. 불쌍한 앨리 맥
빌은 아직까지 마음놓고 바보짓을 할 권리도 없는 것입니다!

앨리 맥빌에 대한 엇갈리는 반응은, 페미니즘이 죽어간다
는 증거가 아니라 오히려 페미니즘이 진행형이라는 증거일
지도 모릅니다. 하긴 그렇게 떠드는 것은 그 동네가 그런 걱
정을 할 정도로 발전했다는 증거일 수도 있겠지요. 그러고
보니 IMF 이후 줄줄이 잘려나가는 우리네 '전사들'을 바라보
면서, 연봉이 수십만 달러는 될 것 같은 보스턴 여피 변호사
를 동정한다는 것 자체가 우습기도 하군요.

5

전 아직 「리설 웨폰 4Lethal Weapon 4」를 보지 못했습니

다. 그래서 이연걸이 그 영화에서 어떤 역으로 나오는지는 모르겠어요. 하지만 그 역이 악역이라는 것 정도는 아니까 대충 여기서 이야기를 시작해보죠.

몇십 년 전까지만 해도 악역을 만들기는 쉬웠습니다. 그 때문에 우리가 종종 옛 할리우드 영화들을 보면서 깜짝깜짝 놀라는 거죠. 백인 남성들이 악당으로 나올 때는 괜찮습니다. 하지만 인종의 경계를 넘어서면 정말로 무서워져요. 「마이 달링 클레멘타인My Darling Clementine」에서 정의의 보안관 와이어트 어프Wyatt Earp가 "인디언에게 술을 먹이다니 이상한 마을이군" 어쩌구 따위의 인종 차별적인 발언을 하는 걸 보면 요새 관객들은 얼이 빠지게 마련입니다. 「플래시 고든Flash Gordon」 따위의 시리즈 영화들에 나오는 수많은 동양인 악당들이나 「국가의 탄생The Birth of a Nation」의 혼혈아 악당은 말할 필요도 없겠죠. 인종적 편견이 그처럼 당연하게 여겨지던 때에서 벗어난 게 겨우 수십 년 전 일이라니 목덜미가 갑자기 서늘해집니다.

세상은 바뀌었고 이제 할리우드도 조금 조심을 하게 되었습니다. 더 이상 야만적인 인디언 악당들은 등장하지 않습니다. 「위트니스Witness」에서처럼, 흑인이 살인범이라면 착한 흑인 형사도 한 명 넣어서 인종적 균형을 맞추는 술수도 종종 쓸 줄 알고요.

하지만 여기서 또 문제가 시작됩니다. 이런 조심성 때문에 캐릭터와 내용의 다양성과 자연스러움이 위축되고 마는 것입니다. 이건 관객과 제작자 양쪽에서 만들어낸 결과입니다. 무신경하게 만든 유색 인종 악당은 백인이 아닌 관객이나 진보적인 백인 관객들을 일단 시작부터 불쾌하게 만들 것입니다. 「위트니스」식 균형은 그 술수가 너무 뻔해서 관객을 웃기게 만들 거고요. 비백인 캐릭터들이 긍정적으로만 묘사된다면? 그건 일단 기분좋은 일이지만 너무 알랑대는 것 같고 또 좋은 연기 기회를 빼앗기는 셈이 되겠지요.

그럼 도대체 어떻게 하라는 말인지? 영향력을 확대해가며 기다리는 수밖에요. 「데몰리션 맨Demolition Man」을 처음 보았을 때, 거기서 악역으로 나오는 웨슬리 스나입스Wesley Snipes를 보면서 이상할 정도로 불편하지 않아서 깜짝 놀랐던 기억이 납니다. 그 영화에서 스나입스가 중요했던 이유가 바로 그의 인종이 아니라 스타성이었기 때문에 그런 캐스팅이 별로 부담스럽지 않았던 것이죠. 다시 말해 적어도 그 영화에서 스나입스는 인종적인 범위를 상당히 벗어난 그냥 스타로 성공했다는 말입니다. 이런 배우가 악역을 연기하면 모두가 그냥 편합니다.

따라서 다음과 같이 말할 수 있을 것 같습니다. 할리우드가 어느 정도로 좋아졌는지 확인하려면 유색 인종 배우들이 무시무시한 악역을 연기하는 것을 보면서 우리가 어떤 반응을 보이는지 체크하면 됩니다. 우리가 편하다면 그 동네는

(적어도 그 배우한테) 나아진 것입니다. 이연걸이 그 근처에라도 갔기를 빌 뿐이지만 아무래도 비관적으로 느껴지는군요.

6

1998년 아카데미상 후보 탈락자들 중에서는 조금 예외적인 인물이 있습니다. 「타이타닉 Titanic」에서 예쁜 마네킹 같았던 레오나르도 디카프리오에 대해 이야기하는 게 아닙니다. 루퍼트 에버렛 Rupert Everett이 바로 그 사람이죠. 「내 남자 친구의 결혼식 My Best Friend's Wedding」에서 보여준 인상적인 게이 연기로 그는 만족할 만한 비평적 성과와 대중적 인기를 한꺼번에 거두었고 아카데미를 제외한 대부분의 다른 영화상에서 조연상 후보로 노미네이트되었습니다. 그러나 아카데미는 그를 거들떠보지도 않았어요. 모르긴 몰라도 속이 무척 상했을 겁니다.

앤 헤이시 Anne Heche에 대해서도 비슷한 말을 할 수 있습니다. 헤이시 역시 지난해에 발표된 여러 영화들(「웩더독 Wag the Dog」「나는 지난 여름에 네가 한 일을 알고 있다 I Know What You Did Last Summer」 등)로 많은 영화상에서 조연상 후보에 올랐고 또 몇 번은 받기도 했습니다. 그러나 아카데미상에서는 역시 미끄러졌지요.

「내 남자 친구의 결혼식」의 루퍼트 에버렛

　뭐라고 불평할 수도 없죠. 후보자는 제한되어 있게 마련이고 후보 지명을 받지 못한 훌륭한 다른 배우들도 많았으며 관객들의 눈길을 끌지 못했어도 잘한 배우들도 많았을 테니까요. 다소 예외적으로 보이는 다른 후보자들, 그러니까 「재키 브라운Jackie Brown」의 로버트 포스터Robert Forster 같은 사람들도 에버렛만큼이나 좋은 연기를 보여주었지요.

　하지만 에버렛이나 헤이시가 모두 공식적인 게이라는 사실이 이들의 탈락을 '차별'로 여겨지게 만듭니다. 더욱 짜증나는 것은 이미 위에서 제가 언급한 이유로 이런 '차별'이 의도적이었음을 입증하는 것은 불가능하다는 것입니다.

　단순히 배역의 중요성과 인기만으로 이런 차별을 가려내

기는 쉽지 않습니다. 예를 들어 「밤의 열기 속에서In the Heat of the Night」에서 흑인 주인공 역을 한 시드니 포이티어 Sidney Poitier를 몰아내고 백인 보조자 역의 로드 스타이거Rod Steiger가 상을 탄 것은 차별처럼 보입니다. 그러나 얼마 전에 이 영화를 다시 보았는데, 스타이거가 연기한 캐릭터는 포이티어의 역보다 훨씬 '연기를 해볼 만한' 요소가 많아서 그가 상을 탄 것은 그렇게까지 이상한 일이 아니었습니다.

이번 아카데미에서도 이성애자 배우인 그레그 키니어Greg Kinnear의 게이 연기(그는 후보에 올랐습니다)가 에버렛의 게이 연기보다 훨씬 재미있는 것이었다고 말할 수도 있겠고 정말일 수도 있습니다. 누가 뭐라고 하겠어요? 연기상 후보 기준이 올림픽 단거리 달리기 기록처럼 객관적일 수도 없는데 말입니다.

그러나 누구 말마따나, 이런 선정에서 '아카데미에서 게이역'으로 후보에 오르려면 '정말로 정말로 정말로 연기여야만 한다'는 암묵적인 규정이 읽혀지는 것은 부인할 수 없겠죠?

얼마 전에 뉴스에서 들었는데, 흑인들이 백인들보다 건강상태가 나쁜 것은 그들에 대한 사회적 차별이 스트레스를 주기 때문이라는군요. 그것도 엘리베이터 안에서 의심의 눈초리로 바라보는 것 같은 암묵적 차별이 부당 해고나 승진 박탈 같은 드러나는 차별만큼 큰 영향력을 행사한다는 겁니다.

결국 이 'PC한' 시대의 차별 철폐는 공식적인 차별이 뻔하던 그 옛날보다 훨씬 힘들다는 말이겠죠. 60, 70년대의 그 '단순했던' 시대가 향수병을 일으키는 것도 당연한 일인가 봐요.

7

한동안 잘 나갔던 TV 시리즈인 「로이스와 클락」의 테리 해처 Teri Hatcher는 끊임없이 되풀이되는 '위기에 빠진 여자 Damsel in distress(디즈니 헤라클레스식으로 줄이면 DID)' 상황에 진력이 난다고 어느 토크 쇼에서 밝힌 적이 있습니다. 하지만 어쩌겠어요. 「로이스와 클락」이 아무리 90년대식으로 업데이트된 슈퍼맨 이야기라고 하더라도 '슈퍼맨이 위기에 빠진 로이스를 구한다'라는 기본 설정은 사실 바꿀 수 없는 게 아니겠어요? 게다가 테리 해처는 DID 역을 꽤 잘했습니다. 시리즈는 끝났지만, 밧줄에 묶인 이 배우의 비디오 캡처 이미지들이 아직도 인터넷 어딘가를 돌아다니고 있을는지도 모르겠군요.

그리고 보니 린다 카터 Lynda Carter 주연의 「원더 우먼 Wonder Woman」이 생각납니다. 고전적인 「원더 우먼」 이야기의 기본 구조는 「슈퍼맨」을 성 전환시킨 것과 같습니다. '원더 우먼이 위기에 빠진 스티브 트레버 Steve Trever를 구한

다' 죠. 시리즈에서는 라일 와고너 Lyle Waggoner라는 배우
(「캐럴 버넷 쇼 The Carol Burnett Show」에서 주로 '근육맨' 역
을 도맡아 했던 친구인데)가 트레버 역을 맡아 하고 있습니다.

그런데 이 와고너라는 배우가 그 '위기에 빠진 남성' 역을
지독하게 못한다는 데에 문제가 있습니다. 위기에 빠져 구조
를 기다리는 역이라면, 겁에 질려 고함도 치고 불쌍하게도
보여야 할 텐데, 이 친구는 그런 걸 하나도 안 합니다. 심지
어 구출되는 도중에도 어떻게든 그 잘난 남성다움을 지키려
고 하지요. 이러니 재미가 없어질 수밖에요. 그 결과 2시즌
부터 이 캐릭터는 '상관 역'으로 축소되어 구석으로 밀려나
버렸답니다. 쌤통이에요.

'여자들이 구해주기를 기다리는 남성'이 그렇게 이미지를
훼손시키는 멋없는 역일까요? 흠, 그런 것 같지는 않습니다.
예를 들어 제임스 캐머런 James Cameron과 관련된 영화에 나
오는 많은 남자 배우들은 '위기에 빠진 남성' 역을 상당히 잘
하기 때문입니다. 「스트레인지 데이즈 Strange Days」에서 레
이프 파인스 Ralph Fiennes는 거의 완벽하다고 할 수 있었고
「타이타닉」의 레오나르도 디카프리오나 「에일리언 2 Aliens」
의 마이클 빈 Michael Biehn도 부분적이지만 나름대로 잘했습
니다. 캐머런을 떠나면 「X파일 The X-Files」의 멀더가 있습니
다. 멀더가 스컬리를 구하는 상황보다 스컬리가 멀더를 구하
는 상황이 훨씬 더 많지만, 그것 때문에 데이비드 듀코브니

David Duchovny 팬들이 불평을 늘어놓을 것 같지는 않군요.

오히려 남자들이 유리할 수도 있습니다. 저만 해도, "살려줘요!"를 외치는 여자 주인공들을 보면 저절로 하품이 나옵니다. 페미니즘을 잊더라도 너무나도 뻔한 클리셰라 지겹기 때문이지요. 그러나 "살려줘요!"를 외치는 남자들은 아직까지는 신선해 보이므로 긴장감을 더 강화시키는 도구로 사용될 수 있습니다.

'구조' 플롯은 긴장감 넘치는 재미있는 이야기들의 원천이 될 수 있기 때문에 쉽게 사라지지 않을 거예요. 앞으로도 수많은 사람들이 위기에 빠지고 또 구출당하겠지요. 그렇다면 다른 남자 배우들도 슬슬 '위기에 빠진 남자' 역을 연습해두어야 할 때가 되지 않았을까요? 이 PC한 시대에 '남자라는 이유만으로' 매일 구조자 역만 하라는 법은 없을 테니 말입니다. 가끔 "살려줘요!"라고 고함을 질러대는 것도 폼잡느라 굳어버린 턱 근육을 푸는 데에 도움이 될 테니까요.

8

「원더 우먼」 만화의 크리에이터인 윌리엄 몰튼 마스턴 William Moulton Marston의 경력과 그의 작품을 비교하는 건 꽤 재미있습니다. 우선 그는 거짓말 탐지기의 발명가였는데,

「원더 우먼」

그 발명품은 그의 만화에 원더 우먼의 올가미로 모습을 바꾸어 등장합니다. 그는 반프로이트주의자인 심리학자이기도 했는데, 초창기 「원더 우먼」 시리즈의 고정 악당인 닥터 사이코Dr. Psycho는 바로 프로이트의 캐리커처라고들 하죠. 그가 열성적인 남성 페미니스트였다는 것은 원더 우먼이라는 여성 영웅의 아버지라는 사실로 쉽게 짐작할 수 있습니다. 결론적으로 말해 그는 발명 정신이 뛰어난 공정한 정신의 소유자였으며 시대를 한참 앞서는 사람이었습니다.

그러나 그렇다고 그에게 건전한 면만 있었다고 한다면 거짓말일 것입니다. 「원더 우먼」에는 그의 어두운 면도 꽤 녹아 있기 때문입니다. 이상적인 여성 히어로의 이야기를 그리면서 그는 무의식적으로 (아마 그는 이런 말을 죽도록 싫어했겠지만!) 자신의 몇몇 성적 취향을 노출시키고 있었지요. 예를 들어 우리는 그에게 상당히 강한 본디지 페티시bondage fetish가 있었다고 생각할 수 있습니다. 그의 만화 속에서 원더 우먼은 너무나도 자주 함정에 빠져 자신의 올가미에 묶이니까요. 게다가 그는 남자에게 손목을 묶이면 아마존들이 힘을 잃는다는 설정까지 만들어서 그런 페티시를 더 강화시켰습니다(다행히도 요새 만화에는 그 설정이 없답니다).

원더 우먼은 구조자이며 해결사라는 새로운 역할을 여성들에게 열어주는 선구적인 역할을 했지만 위기에 빠진 여성이라는 틀에서는 끝끝내 벗어나지 못했습니다. 단지 이 경우, '위기에 빠진 여성'을 구출하는 것이 위기에 빠진 여성 자신이었다는 것이 달랐지요. 결코 안이한 정체는 아니었던 셈입니다.

세월이 흘러가며 원더 우먼의 이미지는 둘로 갈라졌습니다. 밝은 쪽에서 원더 우먼은 여성 해방의 상징이었으며 글로리아 스타이넘과 같은 페미니스트들의 영감의 원천+롤모델이었습니다. 하지만 반대쪽에서 그녀는 남성들의 성적 팬터지의 대상이기도 했습니다. 야한 옷을 입은 주인공의 몸매를 감상하는 단순한 사람들도 있었지만 꼭 그런 것만은 아니었지요. 사실 대부분은 상당히 어두운 쪽이어서 그 팬터지의 대부분은 본디지 페티시나 사도마조히즘과 결합되어 있었습니다. 지금도 인터넷에서는 꽤 거북스러운 내용의 다양한 팬 픽션들이 떠 있어서 그런 경향이 끝나지 않는다는 것을 증명하고 있습니다.

「어벤저」의 에마 필

원더 우먼의 뒤를 이은 수많은 여성 히어로들도 대부분 양
쪽 모두에 다리를 걸치고 있습니다. 「어벤저 The Avengers」
의 에마 필 Emma Peel은 에피소드마다 쿵후로 악당들을 두
들겨팼지만 그만큼이나 자주 묶이고 마취당하고 함정에 빠
져야 했습니다. 배트걸 Batgirl, 바바렐라 Barbarella를 비롯한
수많은 다른 주인공들도 예외는 아니었지요. 이 명맥이 여전
히 이어져왔다는 것은 지나 데이비스 Geena Davis 주연의
「롱 키스 굿나이트 The Long Kiss Goodnight」를 보면 알 수
있습니다. 지나 데이비스가 연기한 슈퍼 영웅 캐릭터 찰리
Charlie를 기절시키고 옷을 벗기고 물레방아에 묶어서 물에

집어넣는 소위 '고문'이라는 것을 고안해내는 동안, 아마 각본가 셰인 블랙Shane Black은 소년 시절의 팬터지를 실현시키고 있었을지도 모릅니다. 어둡다고 말했지만 사실 이런 팬터지는 매우 유아적인 것이기도 하니까요.

하지만 어떻게 해야 할까요? 이 모든 성적인 또는 성차별적인 요소들을 제거해야 할까요? 그런 검열은 금주법만큼이나 희극적인 것이 될 것입니다. 게다가 대상도 뚜렷하지 않습니다. 슈퍼걸Supergirl이나 원더 우먼이 입는 야한 옷은 분명히 성적 자극을 일으키지만, 사실 만화 세계에서 슈퍼 영웅들은 남녀 가리지 않고 다 그런 옷을 입지요(이 점에 있어서 그 동네 만화 세계는 꽤 평등하다고 해야겠습니다!). 수없이 등장하는 DID 설정에 항의를 할 수도 있습니다. 그러나 주인공이 위기에 빠지지 않는다면 이야기는 심심해집니다. 텔레비전 판「원더 우먼」의 예를 들어볼게요. 1시즌에서 원더 우먼은 늘 함정에 빠지는 캐릭터였습니다(그러는 동안 다양한 본디지 페티시가 첨가되었습니다). 2시즌부터 원더 우먼이 그런 위기에 빠지는 에피소드는 팍 줄어들어버렸는데, 그 결과 내용은 눈에 띄게 밋밋해져버렸습니다. 주인공이 해결해야 할 문제가 가벼워져버렸으니까요. 2, 3시즌에서 원더 우먼은 거의 기계 장치의 신처럼 전능합니다.

남성 히어로들이 겪는 위기와 여성 히어로들이 겪는 위기는 구별될 수 있을까요? 아마도 그렇겠지요. 우리는 직관적으로 알 수 있으며 지적해낼 수도 있습니다. 왜 그런 차이가 생기는지 고객층의 비율과 같은 것들을 가지고 설명할 수도 있지요(이 경우엔, 이런 히어로물의 고객 대부분이 젊은 남성들이라는 것을 지적하면 될 것 같군요).

그러나 그 정도가 다입니다. 만약에 골든 에이지 「원더 우먼」 만화책의 구체적인 한 장면을 집어내서 이것이 본디지 페티시를 자극하기 위해서 만든 것인지, 아니면 단지 클라이맥스의 긴장감을 조성하기 위해 위기 상황을 만들어낸 것인지를 두고 재판을 벌인다면 그 재판은 정말 길어질 겁니다. 아니, 증거 불충분으로 판결이 나 아주 짧아질지도 모르죠. 이건 성 세바스찬의 순교를 그린 아무 그림이나 끄집어내놓고 사디즘과 동성애에 대한 정신분석학적 해석을 끌어내는 것과 같습니다. 정말일 수도 있고 그럴싸한 설명을 만들어낼 수 있지만 그림만으로는 구체적인 증거를 만들 수 없습니다. 재미야 있겠지만 등급을 매기고 편가르기를 하는 데엔 아무 소용이 없죠.

제가 이런 이야기를 줄줄이 늘어놓고 있는 건, 제가 얼마 전에 디지털 리마스터링된 「어벤저」의 67년도 에피소드들을 다시 볼 수 있는 기회가 있어서 이 주제에 대해 다시 생각해볼 수 있었기 때문입니다. 다시 본 감상은 어땠냐고요? 덤덤했습니다. 에마는 여전히 잘 잡혔지만, 솔직히 말해 그렇게 거부감은 느끼지 못했습니다. 저한테 본디지 페티시가 없어서 그런지, 그런 장면들이 그렇게 머릿속에 잘 남지 않았고 또 후딱후딱 지나가는 것 같았거든요. 게다가 그 상황에서 에마가 보여주는 태평스러운 반응은 그 DID 상황의 페티시즘을 약화시켰습니다.

그 시리즈에서 저한테 정말로 중요했던 것은 에마 필과 존 스티드John Steed 콤비가 30년 전의 텔레비전 시리즈 속에서 철저하게 남녀 평등의 파트너십을 이룩했다는 것이었고 눈에 자주 남는 장면도 에마가 의자에 묶인 장면보다는 에마가 악당들을 두들겨패는 장면이었습니다. 본디지 페티시가 있다면 느끼라죠, 알 게 뭐람. 하긴 의학용 인체 모형을 보고 성적 충동을 일으키는 사람들도 있다더군요.

그래서 어쩌란 말이냐고요? 전 제 관대함이 아우를 수 있는 범위를 발견합니다. 전 다이애나 릭이 연기한 에마 필에 대해서는 아주 관대할 수 있습니다. 팬들이 에마한테서 본디지 페티시를 느꼈건 어쨌건, 릭의 에마한테서 가장 중요했던 요소는 그 캐릭터의 힘과 유머, 그리고 자신과 상황을 제어할 수 있는 능력이었습니다. 미셸 파이퍼Michelle Pfeiffer가 「배트맨 2Batman Returns」에서 아름답게 연기했던 캣우먼 Catwoman한테도 마찬가지로 관대해질 수 있는데, 그 사람의 비닐 옷이 아무리 야하게 보였다고 하더라도 그 사람한테 가장 중요했던 요소는 셀리나 카일Selina Kyle이라는 살아 숨쉬는 강렬한 캐릭터였기 때문입니다. 심지어 린다 카터의 원더 우먼한테서도 마찬가지의 이야기를 할 수 있을 것 같아요. 린다 카터의 몸매에 정신이 팔려 침을 질질 흘리던 왕년의 틴에이저 팬들은 눈치채지 못했을지 모르지만, 가끔 그 캐릭터의 입에서 툭툭 튀어나오는 소박한 페미니스트 메시지는 거의 감동스럽기까지 하니까요.

요약해서 말하자면, 그 캐릭터가 자신을 충분히 제어할 줄 알며 야한 옷 없이도 충분한 흡인력을 유지할 수 있다면, 페티시나 복장 따위는 그렇게 중요한 일이 아니라는 말입니다. 결국 완전치 못한 세상에서 나름대로 타협하는 방법을 발견한 것이라고 할 수 있죠. 보다 정확하게 말하자면 그냥 현실적이 되었고 솔직해진 것입니다. 하긴 잘생긴 사람들이 자기 몸 좀 보여주는 것 정도에 예민하게 매달릴 필요는 없는 거겠죠. 그것에만 매달리면 짜증이 나겠지만.

그러나 여전히 한계는 있습니다. 제가 그 한계를 발견하는 것은 주로 만화인데, 특히 「헤비 메탈」식 만화나 몇몇 일본 애니메이션이 그렇습니다. 이 단계까지 가면 페티시는 노골적이 되고 캐릭터의 대상화는 극에 달해서 결국 여성 슈퍼히어로 팬터지가 포르노의 한 장르를 새로 마련해준 게 아닌가 하는 생각까지 드니까요. 그러나 여기서 그 이야기까지 일일이 하다가는 제 속만 긁힐 것 같군요. 이런 소재에서 잽싸게 달아날 수 있다는 것도 짧은 글의 장점입니다.

대리전의 병사들

1

체중처럼 원초적인 신체 특성이 요새처럼 정치적이었던 시대는 아마도 없었던 것 같습니다. 특히 유명인일 경우, 마르거나 뚱뚱한 것은 이제 정치적 선언이 되었습니다. 세상 살기 참 피곤해졌어요.

케이트 윈슬렛 Kate Winslet과 칼리스타 플록하트는 그 정치적 선언 때문에 고생 중인 사람들이죠. 「앨리 맥빌」 시리즈의 주인공 칼리스타 플록하트는 뼈가 앙상한 모습으로 에미상 시상식에 나갔을 때부터 식욕 부진이니 어쩌니 하는 입방아에 시달려야 했습니다. 케이트 윈슬렛의 경우는 더 심해서, 「타이타닉」 이후 인터넷에 뜬 그 사람의 체중에 대한 루머와 의견 제시만 묶어도 전화번호부만한 책 서너 권은 나올 것 같았습니다.

두 사람 모두에게 부당한 소리라고 할 수 있겠죠. 그 사람의 옛 사진들을 검토해봐도 알겠지만, 플록하트는 언제나 깡마른 사람이었습니다. 원래 체질이 그런 사람이 있죠. 마른 사람들이 모두 다이어트나 식욕 부진의 희생자는 아닙니다. 케이트 윈슬렛의 경우는 더 부당한데, 그 사람 역시 자기한테 맞는 체중 한계가 있을 뿐만 아니라 아주 성공적인 다이어트의 사례이기도 하기 때문입니다.

어느 쪽이건, 두 사람 모두 '날씬한 몸에 대한 현대인의 집착'이라는 것의 희생자라고 할 수 있습니다. 플록하트가 기준을 넘어선 데에 대한 질시와 정치적 반박의 대상이 된다면, 윈슬렛은 그 특정 기준을 어긋난 죗값을 치르고 있는 셈이지요. 윈슬렛이 로잔 바 아놀드Roseanne Barr Arnold처럼 아줌마 타입이었다면 문제가 없었겠지만 그 사람이 한창 피어나는 나이의 젊고 아름다운 사람이었다는 것이 더 문제가 되었습니다. 미와 할리우드 기준 체중 초과는 결코 연결될 수 없었고 연결되어서도 안 되었던 거죠.

어느 시대에나 육체에 대한 나름대로의 기준이 있습니다. 20세기가 된 뒤로 그 기준은 상당히 가벼워졌습니다. 이유야 여럿이 있겠지만 그래도 가장 중요한 것은 마른 체형이 어울리는 복식의 발전과 영상 매체의 발달, 그리고 훨씬 활동적이 된 여성의 사회 활동 정도겠지요. 지난 세기 이전엔 평균 체중보다 살짝 더 나갔는데, 그건 여성성의 과장이 필수적이었던 당시 시대 분위기에 적응해야 했고 또 어느 정도 살이

케이트 윈슬렛

졌다는 것이 부의 상징이었기 때문이었고요. 사실 현대의 날씬이 콤플렉스에는 약간 아이러니컬한 면이 있어요. 사람들이 지나치게 먹어서 과체중이 흔해진 바로 이 세기부터 날씬한 몸이 미의 기준이 되다니요. 둘 사이에 특별히 어떤 인과성이 있는 것도 아닌데 말이에요.

하여간 플록하트나 윈슬렛이 자기 체중 정치성에서 벗어날 수 있을 것 같지는 않습니다. 플록하트는 90년대 초반에 케이트 모스가 그랬던 것처럼 거식증 환자의 롤 모델이라는 비난을 받을 겁니다. 아무리 자신이 괜찮다고 주장해도, 윈슬렛 역시 언젠가는 정상 기준에 자신을 맞추어야 할 날이 올 것이며 그때는 또 당치도 않게 날씬이 콤플렉스 공격 부대의 상징이 되겠지요.

유명인이 되는 건 정말 피곤해요, 그렇죠?

솔직히 말해 왜 이런 것에 신경을 써야 하는 건지도 모르겠습니다. 플록하트나 윈슬렛이나 모두 전성기에 있거나 또는 전성기를 앞에 둔 아름다운 사람들로 그네들의 죄가 있다면 그네들의 육체가 평균점 어딘가에 놓여 있지 않다는 것뿐입니다. 저 자신 역시 이런 것에 신경 쓰고 싶지 않은데, 플록하트나 패션 모델 에이미 웨슨 같은 사람들의, 뼈에다 가죽을 뒤집어씌운 듯한 외모도, 케이트 윈슬렛의 보티첼리풍 외모도 나름대로 아름답게 보이기 때문입니다.

조금 더 낙관적이 될 수도 있습니다. 이런 소란이 있다는 것은 다양성이 확대된다는 증거가 될 수도 있으니까요. 사실, 우리가 잘 인식하지 않아서 그렇지, 현대인의 미적 기준은 그 어느 때보다도 넓습니다. 케이트 윈슬렛에서 플록하트까지, 나오미 캠벨Naomi Campbell에서 장만옥까지, 이렇게 다양한 인종과 사이즈의 사람들이 모두 공통적인 '아름다움'의 기준 안에 들어온 적은 일찌감치 없었으니까요. 다시 말해, 우리는 예전 사람들보다 낫고 앞으로는 더 나아질 수도 있단 말이죠.

2

「인형의 집으로 오세요 Welcome to the Dollhouse」는 보고 나서 즐겁게 나올 수 있는 영화는 아닙니다. 결코 모자라지 않는 짭짤한 유머와 톡 쏘는 대사들 때문에 보는 동안은 재미있습니다. 하지만 영화관에서 나오고 나서 그 영화를 비디오로 다시 봐야겠다고 생각하는 사람을 만났다면 그 사람이 보낸 어린 시절을 지극히 동정했거나 아니면 그 사람 뇌의 도덕적 균형을 의심했을 겁니다.

이런 말을 하는 저도 어제 이 영화를 비디오로 다시 보았는데…… 의도적으로 그러지는 않았어요. 극장 상영 때 놓쳐서 비디오로 보는 누군가의 등 너머로 슬쩍 본 것이니까요.

결국 다시 다 보게 되더군요. 아까도 말했지만 영화 자체는 재미있잖아요.

영화가 다 끝난 뒤에 어떠냐고 물었더니, 어제 처음 본 그 누군가가 대답하기를, 좋대요. 그래서 왜 좋으냐고 물었죠. 그러니까 할리우드의 가족 이데올로기를 확실하게 때려부순 그 방식의 전환이 마음에 들었다나요. 어디선가, 그러니까 『씨네21』이나 그외 잡지에서 읽었을

「인형의 집으로 오세요」

듯한 소리죠? 하지만 그 누군가는 영화 잡지를 사 모으는 사람이 아니므로 그 사람이 『씨네21』에서 의견을 베껴먹었다는 것보다는 그런 답변이 이 동네에서는 꽤 자연스러운 것이라는 해답이 더 명쾌할 것 같습니다.

하지만 전 그게 싫어요. 영화 비평에 그런 것들이 끼여드는 게 싫다는 게 아닙니다. 그게 평론가들의 직업이 아니겠어요? 하지만 한 시간 반 동안 정말 죽도록 고통받는 누군가를 구경하고 난 뒤에 너무나도 자연스럽게 '할리우드 가족

이데올로기'가 혀에서 튀어나오게 관객들을 조작하는 이 상황은 결코 재미있지 않습니다. 최소한 그런 것들은 스크린에서 보다 직접적으로 튀어나오는 고통을 일단 지나친 뒤에야 언급해야 할 것들입니다. 그러나 불쌍한 돈Dawn의 고통은 영화 밖에서도 '전복적 시선' 같은 단어로 희석되어 레테르가 붙여진 채 '반할리우드' 서랍 안에 들어가고 만 셈입니다. 익명의 대리 병사가 되어 엉뚱한 전쟁에 뛰어들게 된 자신의 꼴을 돈이 본다면 뭐라고 할까요?

생각해보니 '할리우드 가족 이데올로기' 운운의 단어들에도 짜증이 나기 시작합니다. 그 의미나 주장 자체가 옳은가 그른가 여부는 짜증과 무관합니다. 하지만 이런 단어들을 주절거리는 사람들 중 얼마나 과연 자기가 사용하는 단어들과 개념들에 대해 진지하게 생각해봤는지는 지극히 의심스럽습니다. 애당초부터 가족 이데올로기에 대한 비판은 이런 동네에선 '주류'의 생각입니다. 우리 사회의 가족이 어떻건, 가족에 대한 사회 통념이 어떻건 적어도 이 동네에서는 전복적 개념 따위가 아니죠. 그러니까 자연스럽게 아무 입에서 툭툭 튀어나오는 것이겠지만요. 하여간 회색 지식이 한 개인의 삶 자체를 사전 점거해버리는 모양은 그렇게 아름답지는 않군요.

국제화 시대를 버텨내기

1

『피플』지에서는 십여 년 전부터 매년 5월마다 '세계에서 가장 아름다운 50명'이라는 특집호를 내지요. 기네스 펠트로, 맷 데이먼Matt Damon과 같은 사람들이 98년의 운 좋은 50명이 되어서 잡지 안을 가득 채웠습니다.

사실 전 이 특집호를 매년 삽니다. 50명의 아름다운 사람들의 사진들을 보고 싶어서가 아니라, 『피플』이라는 잡지가 가진 고유의 통속성·다양성을 인정하고 공평해지려는 건전한 욕구, 미국식 무지, 약간의 위선 등등이 결합해서 만들어내는 그 리스트의 기묘한 비틀림이 아주아주 재미있기 때문입니다.

물론 저처럼 재미있어하지 않는 분들도 꽤 많으시겠죠. 사실 '세계에서'라는 제목 자체가 말도 안 된다고 생각하시는 분들도 많으실 겁니다. 하긴 말이 안 되지요. 『피플』지의 리스트는 절반 이상을 미국인으로 채우고 조금 남은 인원을 맛보기 외국인들로 채우고 있으니까요. 미국은 세계가 아니지 않아요? 게다가 그 리스트의 인종 분포는 우리를 기죽이기 충분합니다. 올해도 동양계 중 올라간 사람들이 세 명(그 중 교포 환경 운동가가 한 명 끼여 있어서 화제가 되었지만요)밖에 없었거든요. Vive la différence라고요? 천만의 말씀이죠.

그런데 다시 생각해보면, 『피플』지의 선정이 그렇게까지 불공평한 것은 아닙니다. '세계'라는 단어에는 꼭 지리적인 의미만 있는 것은 아닙니다. 대부분 '세계'는 우리가 정보를 얻을 수 있는 범위 안으로 제한됩니다. 그러니 여러분이 미국의 잡지 편집자라고 생각해보세요. 그들의 세계는 뻔한 것입니다! 만약에 지리적인 공평성을 철저하게 지키기 위해 알지도 못하는 사람들을 억지로 끼워넣는다면 그것이야말로 위선일 것입니다.

'어떻게 게르만인들이 로마 제국을 정복할 수 있었는가'에 대한 재미있는 설명을 들은 적이 있습니다. 언어 문제라는 거예요. 게르만족들은 라틴어와 게르만어 모두를 할 줄 알았지만 로마인은 라틴어밖에 못했기 때문에, 게르만인들의 전략이 노출될 가능성이 훨씬 적었다는 거죠. 다시 말해 '세계 문화의 중심'에 있는 것이 꼭 유리한 것만은 아니라는 말입니다. 중심에 있는 사람들은 자신들의 문화에 대해서만 알

뿐이지만, 주변에 있는 사람들은 중심의 문화＋자신의 문화를 알고 있죠. 선택의 폭이 더 넓어지고 삶이 더 풍요로워질 수 있는 것입니다. 물론 눈과 귀를 바짝 세우는 노력이 필요하긴 하겠지만요.

미국에 있는 어떤 친구가 파트리샤 카스Patricia Kaas의 CD를 구하지 못해 열을 잔뜩 받고 '무지한 미국인들'에 대한 욕을 잔뜩 적은 이메일을 보내왔어요. 특별히 카스의 열렬한 팬은 아니지만, 그 편지를 읽으면서 그 정도밖에 선택의 폭이 없는 미국인들이 갑자기 불쌍해지더군요. 늘 이 나라의 갑갑한 문화 환경에 대해 불평을 늘어놓는 저지만, 엄청나게 박학한 사람이 아니더라도 노래방에서 마돈나와 이문세 사이를 오갈 수 있는 나라에 사는 것도 그렇게 나쁘지는 않은 듯합니다.

2

전 소위 배우 팬 페이지라는 것들을 인터넷에 열고 있어요. 왜냐고 묻는다면 그냥 그러고 싶어서라고 대답할 수밖에 없습니다. 제가 열고 있는 것은 애나 파퀸Anna Paquin과 크리스틴 스콧 토머스Kristin Scott-Thomas의 홈페이지들인데, 돌리는 게 꽤 재미있습니다. 하지만 지금 하려는 이야기는 그게 아닙니다.

1996년 9월 13일에 애나 파퀸 주연의 「아름다운 비행 Fly Away Home」이 미국에서 개봉되었습니다. 당시까지만 해도 이 배우의 홈페이지는 제가 만든 것밖에 없었으니 당연히 이 영화에 대한 질문들이 이메일로 쏟아져들어왔습니다. 본토 사람들이 모르는 걸 제가 알고 있었으니 저도 한참 신났었죠.

그런데 슬슬 밸이 꼴리기 시작합니다. 생각해보세요. 전이 영화의 개봉 일자를 몇 달 전부터 알고 있었습니다. 애나파퀸이 진짜 코를 뚫었냐고 허겁지겁 물어보는 어떤 학부모에게 아니라고 안심시켜줄 수 있었으며, 영화의 리뷰와 트레일러가 어디 있는지 알려줄 수도 있었지요. 이 정도면 괜찮지 않으냐고요? 천만의 말씀이죠. 정작 '영화'를 보지 못했는걸요?

「아름다운 비행」은 겨우 몇 달의 시간차를 두고 우리나라에서도 개봉되었으니 영화를 보고 안 보고 자체는 문제가 아니었습니다. 문제는 그 동안 제가 느낀 소외감이었죠. 생각해보니 인터넷을 시작하면서 그 소외감이 더 심해진 듯합니다.

인터넷은 정보 얻기는 좋습니다. 하지만 우리가 얻을 수있는 것이 '정보'뿐이라면 문제가 됩니다. 이게 도서관 같은 것이라면 상관없지만 인터넷은 실시간으로 움직이는 세계를 실시간으로 반영하는 곳입니다. 결국 우리는 남의 그림자만

「아름다운 비행」의 애나 파퀸

구경하며 입맛을 다시는 셈이죠.

게다가 더 나쁜 건 그게 일방적인 것이라는 점입니다. 저는 미국 사람들과 인터넷을 통해 미국 영화와 미국 책, 미국 가수들에 대해 이야기를 나눌 수 있습니다. 하지만 그 역은 성립될 수 없죠. 제가 할 수 있는 것은, "우리에게 이런 것도 있어요!"라고 선전하는 것뿐입니다. 결코 재미있는 대화는 아니니, 그네들이 예의바르게 사이버 머리를 까딱거리면 전잽싸게 마돈나와 스필버그로 화제를 돌려 썰렁해진 사이버 공간을 다시 덮혀주어야 합니다.

언젠가 모 미국 영화에 관한 인터넷 정보를 미국의 친구에게 넘겨주고 있었는데, 그 친구가 그러더군요. "와, 놀랍지 않아요? 인터넷은 세계를 하나로 만드는군요." 전 잽싸게 대답할 수밖에 없었어요. "천만에요, 인터넷은 세계를 미국으로 만들어요."

고백하자면, 미국 문화의 세계 지배에 그렇게 부정적으로만 생각하고 싶지는 않습니다. 언제나 세계 중심이 되는 문화는 있게 마련입니다. 지금은 미국이 그 역할을 맡고 있는 거죠. 우리를 '지구인'으로 만들어주는 그런 문화가 하나 있다는 것도 나쁜 일만은 아닙니다. 파키스탄인 학생, 아르헨티나의 잡지 수집가, 미국인 시인과 함께 사이버 공간에 모였을 때, 이야기를 나눌 만한 공통된 화제가 있다는 것은 분명 반가운 일입니다. 그게 "조디 포스터 아기 아빠가 누군가" 따위라도 말입니다.

그러나 이런 상황 속에서 자신의 문화를 유지할 수 있는가, 세계 문화의 다양성을 유지할 수 있는가는 전혀 다른 문제입니다.

지금까지 우리들은 매우 소극적이었습니다. 자연 방벽이 있어서 문화적 노출에서 우리를 보호해주었기 때문이죠. 처음에는 지리적 방벽이 그 역할을 해주었습니다. 그 방벽이 뚫린 뒤에는 문화적 갭이 그 역할을 했고요. 그 방벽마저도 상당히 무너지고 인터넷과 같은 범지구적 유행이 침투하기 시작한 요새는 언어 방벽이 그 역할을 하나봅니다. 언젠가 이것도 뚫리겠지요. 영어 공용어를 주장하건 안 하건, 다음

세대 사람들의 영어 실력은 우리보다 훨씬 월등할 테니 말입니다. 다시 말해 우린 침몰해가는 배 안에 숨어 뚫려가는 방벽만 믿고 지금까지 버텨왔던 것입니다. 뭐 우리 사정만 그랬던 것은 아니지만요.

우리는 지금까지 이 사태를 지극히 작게만 생각해왔습니다. 우린 이것을 우리 자신의 일이라고만 생각하고 있었습니다. 하지만 한 문화의 소멸 또는 축소는 결코 그 문화권만의 문제라고만 할 수는 없습니다. 우리는 우리 문화의 독점을 주장할 수도 없고 또 그래서도 안 됩니다. 우리 문화는 세계 문화의 일부인 것입니다. 따라서 우리가 그걸 끌어안고 혼자서만 삭인다면 그건 거의 도둑질이라고 할 수 있습니다(아, 세상이 말처럼 쉽다면 얼마나 좋을까요!).

인터넷과 범지구적 문명은 문화적 위기를 가져올 수도 있지만 돌파구가 될 수도 있습니다. 인터넷을 통해 개별 문화의 새로운 수요를 찾는 것도 가능하기는 하다는 것이죠. 심지어 그것이 문화 생존의 유일한 통로가 될 것 같다는 불길한 예감도 머리를 쾅쾅 치는군요.

개별 문화의 세계화는 적극적인 마케팅과 홍보 없이는 불가능합니다. 그리고 그것은 언어의 장벽 안에서 머무르기만 해선 안 되며 또 저 높은 곳에 있는 몇몇 사람에게 일을 모두 넘기는 것도 이미 시대에 뒤떨어진 생각입니다. 이 산만한 생각의 연속 끝에 우리가 얻을 수 있는 유익한 교훈은 싱

거울 정도로 당연한 것일지도 모르겠습니다. 영어 공부를 합
시다! :-(

3

전 아역 배우들에게 아주 약한 경향이 있습니다. 우리나라
에선 「테시스Tesis」의 여주인공쯤으로 알려진 스페인 배우
아나 토렌트Ana Torrent에 대해 제가 관심을 쏟는 것도 그
때문이라고 할 수 있죠. 지금은 서른을 훌쩍 넘긴 중견 배우
가 되었지만 20여 년 전만 해도 이 배우는 정말로 근사한 아
역 배우였습니다(그리고 정말로 귀여웠답니다).

하지만 인터넷에서 이 사람에 대한 정보를 찾기 시작한 뒤
로, 이게 무지 어렵다는 걸 알게 되었습니다. 영어로 된 정보
가 거의 없었던 것은 당연한 일이었고 스페인어로 된 정보도
찾기 힘들었습니다. 사실 스페인 배우들에 대한 사이트 자체
가 그렇게 많지 않았어요. 지금까지 제가 찾아낸 스페인 사
이트 중 그래도 변변한 재료를 갖춘 사이트는 그렇게 많지
않습니다. 기껏해야 페넬로페 크루즈Penélope Cruz나 안토
니오 반데라스Antonio Banderas 팬 사이트 정도? 그렇다면
저 같은 외국인 서퍼들은 도대체 어쩌라는 말인가요? 우리
역시 스페인 영화나 스페인 배우를 좋아할 권리 정도는 있을

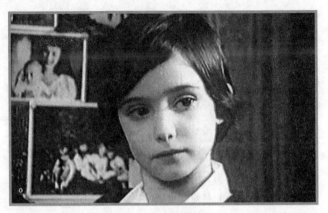
「갈가마귀 키우기 Cria Cuervos」의 아나 토렌트

텐데 말입니다.

우리 사정은 어떨까요? 국내 연예인의 팬 사이트는 스페인 배우 사이트보다는 많습니다(적어도 한국 야후와 스페인 야후를 비교해보면 그렇다는 말입니다). 우린 여기에 자부심을 느껴도 좋습니다. 이런 팬 사이트들은 우리 대중 문화에 대한 다수의 사랑을 증명하고, 이런 사랑은 범지구적 세계 문화로부터 자기 문화를 수호하는 강한 힘으로 기능하기 때문입니다.

그러나 우리 영화와 우리 배우들을 세계로 소개할 수 있는 인터넷 통로 역시 그만큼 발달되어 있을까요?

일단 생각해봅시다. 아주 상식적인 영화, 그러니까 「씨받이」 같은 영화에 대한 정보를 찾으려면 어떻게 해야 할까요?

인터넷 무비 데이터 베이스가 가장 먼저 생각나는데, 거기에 실린 정보는 하찮기 짝이 없습니다. 거기서 별다른 정보를 찾을 수 없다면 한국어 페이지로 가는 수밖에 없습니다. 그러나 그건 한국어를 아는 사람들에게나 가능합니다. 스페인 어라면 스페인어를 영어 비슷한 외계어로 옮겨주는 번역 서 비스도 있고 로만 알파벳을 쓰고 있으니 스페인어를 못하는 사람들이라도 정보 비슷한 것이나마 얻을 수 있지만, 한국어 의 경우 그건 어림 반푼어치 없는 소리죠.

이건 꼭 우리만의 문제라고 할 수는 없습니다. 영화 강국 이라는 프랑스의 경우를 보더라도 인터넷 정보들은 빈약하 기 짝이 없습니다. 영미권에 치중한 인터넷 무비 데이터 베 이스의 존재를 무시하더라도 사정은 같습니다. 그 동네가 원 래 인터넷 발전이 더딘 곳이라고 이해한다 쳐도 더 나은 곳 을 찾기는 힘들죠. 여기서 영어로 된 자료까지 기대 수준을 높인다면 우린 그저 절망하게 됩니다.

그나마 있는 외국 영화의 영어 정보들에도 문제를 제기할 수 있습니다. 그 대부분은 영미권 사용자와 서비스에 의한 것들이니까요. 아직까지 인터넷에 투영된 '세계'는 결국 영 미권 사람들의 눈에 비쳐진 것에 불과하다는 거죠. 그런 걸 알면서도 전 인터넷에 들어갈 때마다 뭔가 국제적인 곳에 들 어간다고 착각하고 있단 말입니다. 툴툴.

인터넷, 「접속」, 기타 등등

1

얼마 전에, 여러분이 내용까지 알 필요는 없는 한글 이메일을 하나 받았답니다. 인터넷에서 한글 메일을 받는 게, 적어도 저한테는 꼭 세계 여행 중에 한국인을 만나는 것 같아서 기쁘기도 하고 신기하기도 해서 읽어보았어요.

하지만 이게 무슨 소리지요? 편지의 절반은 아마도 최신식인 듯한 은어들로 가득 차 있어서 도대체 해석이 불가능했답니다. 게다가 편지를 끌어가는 말투는 정말로 정말로 낯설었어요.

지금 등뒤에선, 요새 애들이 쓰는 말에 이리 둔하니 너도 이제 구세대라고 놀려대고 있지만, 그쪽도 편지 해독에는 별로 능통하지 못하니 과감하게 무시하렵니다. 그 대신 이 황당함을 좀더 장황하게 표현하기로 하죠. 여러분이 생각해도 뭔가 잘못된 것 같지 않습니까? 아무리 두 사람의 관심사가 저 멀리 떨어져 있고 세대가 다르다고 해도 같은 나라 사람들 사이에는 뭔가 통하는 것이 있어야 하잖아요. 하지만 자랑스러운 대한민국의 교육 체제 안에서 같이 시달린 게 분명한 사람의 편지가 아르헨티나의 잡지 수집가나 핀란드인 병사, 독일인 물리학자가 쓴 편지보다 해독이 어렵다니 이상한 겁니다.

한동안 어느 SF 게시판에서 아이작 아시모프Isaac Asimov의 『파운데이션Foundation』에 대한 논쟁이 오간 적이 있었습니다. 『파운데이션』 시리즈의 기본 등뼈인 심리역사학이라는 것이 '가능한가'에 대한 것이었는데, 물론 전 불가능 쪽을 응원하고 있었습니다. 심리역사학을 반박하는 방법은 여럿 있지만, 그때 제가 주장했던 것은 지리적인 문제였지요. 하이퍼 통신과 초광속 비행으로 거리의 문제가 사라진 세계에서는 지리적으로 가깝다는 것은 별 의미가 없다는 거죠. 그 때문에 각 행성들의 문화적·정치적인 관계는 지리적인 거리만으로는 예측할 수 없게 됩니다.

머나먼 미래로 갈 것도 없습니다. 이게 바로 인터넷 이야기가 아닙니까? 그 한글 메일을 보내온 아가씨는 저와 지리적으로 같은 곳에 살고 있지만 이미 그건 그렇게 큰 의미가·없는 겁니다. 우린 다른 세계에서 살고 있으니까요.

앞으로 이런 과정은 점점 심해지겠지요. 좋게 말하면 각 지역 단위 안의 모습이 다양해진다는 것이고 나쁘게 말하면 지역 단위가 억지로라도 맺어주는 정서적 연관이 파괴된다는 말이지요. 좋건 싫건 이미 과정은 진행되고 있습니다. 그리고 이 과정은 제가 앞에 언급한 적극적 문화 마케팅의 근거로 사용될 수 있을 겁니다.

2

얼마 전 지하철에서 누군가 남겨놓은 신문 조각을 뒤적거리다가 인터넷 정보 비율에 대한 작은 기사를 읽었답니다. 하여간 그 기사는 성인·오락 정보가 인터넷 정보의 가장 큰 부분을 차지하고 있다면서 심각한 우려를 표시하더군요. 인터넷이 기대와는 반대로 오락과 심심풀이 땅콩용으로 흘러가고 있다나 어쨌다나. 하긴 비싼 돈을 들여서 네트워크를 깔아놨는데 사원들이 인터넷으로 야한 사진이나 다운받고 있다면 짜증이 날 법도 할 겁니다.

하지만 좀 웃기는 기사잖아요? 일단 성인 정보와 오락을 하나로 묶는 것 자체가 괴상한 선택이지요. 그리고 이 사람들이 말하는 '오락용 정보'들은 대충 무엇에 대한 정보일까요? 영화? 대중 음악? 텔레비전? 그쯤이겠지요? 그런데 여러분에게 영화나 음악, 텔레비전이 '있어도 그만 없어도 그만'인 것들은 아닐 겁니다. 그렇지 않다면 이 책을 사지도 않으셨을 테니까. 적어도 그것들은 현대 사회에서 먹고 마시는 것만큼 중요한 존재들입니다. 그것들이 중요하다는 것은 그것들을 만드는 사람들이 많다는 것으로 알 수 있죠. 적어도 그 사람들에겐 따분한 정치판보다 그것들이 더 중요한 대상이라는 것이겠죠.

이런 선택을 부정적으로 받아들여도 할말은 없습니다. 하지만 그래도 '오락용 정보'에 대한 비난은 우스꽝스럽습니다. 오락용 정보의 비율이 높은 것은 너무나 자연스러운 일이니까요. 다른 구식 매체를, 그러니까 책을 보세요. 오락을 목적으로 하는 책들이 다른 '생산적인' 책들에 비해 월등히 많음을 알 수 있을 겁니다. 사실 『전쟁과 평화』나 『레 미제라블』도 오락용 책이 아닙니까? 게다가 바로 그런 정보들이야말로 매체를 발전시키는 엔진이란 말입니다. 만약 인쇄술 발명 이후에도 고상한 신학 서적만 찍으라는 명령이 떨어졌다면 아직도 책은 소수의 전유물이었을 겁니다. 온갖 멀티미디어로 번들거리는 오락 정보가 아니었다면 우린 여전히 2400 모뎀으로 유즈넷에 낙서 몇 개 올리는 수준에서 놀고 있었겠지요. 생각해보니 그 기사는 얄미운 수준을 넘어서 참으로 배은망덕하군요.

국가를 위한 일인데 그깟 연예인 페이지 몇 개에 안 들어가면 어떠냐는 글을 써서 지오시티스 사태 방명록에 올려놨던 사람 이야기를 기억하시는지요. 그 양반의 아이디어도 특정 정보에 대한 이런 차별적 시선이 별난 기형 논리 중 하나였답니다. 따지고 보면 이 나라 문화를 이 꼴로 만든 것도 그런 논리겠지요.

3

「어새신 Assassins」에서 안토니오 반데라스가 연기하는 킬러 미겔 베인 Miguel Bain은 참으로 대단한 사람입니다. 무엇보다 저는 그 사람이 한쪽 손을 부상당한 뒤, 고용자와 채팅하는 장면에서 얼이 쭉 빠졌답니다. 타이핑 실력이 얼마나 대단한지 한 손으로 삐걱삐걱 키를 눌러대는데도 오타 하나 없으며 대문자도 정확한 위치에 있고 결정적으로 타이핑 속도도 전혀 변함이 없더란 말입니다. 여기서부터 베인은 킬러가 아니라 아크로바틱 타이피스트처럼 보입니다(하긴 데이비드 레터맨 David Letterman의 최근 탑 텐 리스트에 따르면 온라인 섹스가 취미인 사람들도 그런 신묘한 경지에 도달할 수 있다는군요).

「접속」에서도 두 주인공의 채팅 중 오타가 끼여든 적은 없습니다. 그게 참 신기해요. 적어도 두 사람이 만나는 처음 장면에서는 한둘쯤 나오는 게 정상입니다. 격한 감정으로 마구 두들겨대면 안 나올 수가 없거든요. 오히려 정상적인 수준의 오타는 감정 표출의 시각적 수단으로 적절하게 사용될 수 있 겠지요. 잘만 사용하면 난간에 머리를 부딪히는 「잉글리시 페이션트 The English Patient」의 캐서린 클리프턴 Katharine Clifton처럼 강한 희비극적인 효과를 낼 수도 있을 겁니다.

하지만 영화 속의 주인공들은 오타를 내지 않습니다. 거지 같은 전화선이 말썽을 부려 통신이 끊기지도 않고 지긋지긋 한 스팸이 메일 박스를 채우지도 않습니다. 영화 속의 사이 버스페이스는 마치 저 먼 어딘가에 있는 완벽하고 이상적인 세계처럼 보입니다. 「접속」이 저에게 별로 와 닿지 않는 이 유도 아마 그것일 겁니다. 통신망에서 몇 년 동안 살아왔지 만 저는 「접속」에서처럼 깔끔한 채팅을 한 적도 없고 「접속」 의 수현과 동현처럼 통신으로 절대 고독을 뚫으려는 사람들 을 본 적도 없습니다. 제가 아는 통신망은 시장처럼 왁자지 껄하고 오타와 육두문자로 범벅이 된 곳입니다.

저는 정말 영화 속에서 사람들이 오타를 내는 걸 보고 싶 습니다. 툭하면 선이 끊겨서 이를 갈고 대화에 끼여들지 못 해서 가만히 있다가 그냥 튕겨나가는 사람들을 보고 싶습니 다. 말 한마디 잘못했다가 같은 방의 11명에게 피 튀기는 이 지메를 당하는 사람들과 번개 모임과 외설방과 게시판의 쓸 데없는 감정 싸움, 적당한 대화방을 찾지 못해 이리저리 헤 매고 다니는 사람들, 열 손가락을 이용한 완벽한 타빨을 자 랑하는 대신 독수리 타법으로 버벅거리는 사람들 역시 보고

「접속」

싶습니다.

「접속」에서처럼 통신망이 가볍고 통속적인 상징으로 이용되는 것도 한두 번이면 괜찮습니다. 하지만 이미 그런 상징자체가 진부해지는 시기가 오고 있는 것 같습니다. 이미 통신망은 특별한 소수의 사람들만을 위한 놀이터가 아니니까요. 슬슬 진짜 세계와 리얼리티라는 것에 대해 생각할 때가 되었습니다.

4

언젠가 다른 '통신망 작가'들과 함께 SF 단편집을 하나 낸 적 있습니다. 원고들을 긁어모으고 교정이 끝난 뒤, 출판사에서 제목을 뭘로 지을 거냐고 묻습니다. 그래서 몇 개를 골라주었더니, 그 쪽에서 일방적으로 '사이버펑크'라는 제목을 쓰겠다고 하더군요. 이유는? 저희가 통신망에서 글을 쓴다는 것이 이유의 전부였죠.

저희는 그 단편 중에 '사이버펑크'라고 할 수 있는 글은 하나도 없다고 우겼지만 아무 소용도 없었습니다. 서글프게도 그 책은 정말로 그 제목으로 나왔고, 책머리에는 '통신망 문학'과 사이버펑크에 대한 매우 피상적인 글이 붙어 있었답니다. 전 지금도 그쪽 사람들이 '사이버펑크'가 무엇인지 알기나 하는지 모르겠습니다. 하긴 그 단어를 정의하려면 '스노브' 때만큼의 노력을 들여야 할 겁니다.

전 통신망 활동을 주로 하고 통신망 아이디를 이름 대신 사용하기 때문에 종종 '사이버펑크족'이라는 누명을 뒤집어 씁니다. 혼자서는 하드 디스크도 제대로 못 다는 주제에 이런 레테르를 달고 다니니 언젠가 진짜 사이버펑크족들이 절 사기죄로 고소할지도 모르겠습니다.

하지만 생각해보면 '사이버펑크'라는 이름의 비호 아래 돌아다니는 수많은 물건+사람들은 사이버펑크 따위와는 아무 상관도 없고, 있더라도 대단한 의미는 없습니다. 적어도 전 혼자가 아닌 셈이죠.

이 나라에서 '사이버펑크'는 또 다른 '겉멋'이며 '똥폼'입니다. 여기서 저는 그럭저럭 용서받을 자격이 있는데, 지금까지 그 레테르를 끊임없이 거부하고 다녔고 지금도 그러고 있기 때문입니다. 그러나 슬프게도 인터뷰어들에게 이런 부정은 또 다른 똥폼 지향적인 태도쯤으로 보이는 모양입니다. 싫어 죽겠어요.

과연 이 나라에서 사이버 문화를 주도하는 것들을 생각해 봅시다. 일단 아담과 류시아와 같은 사이버 스타라는 것들이 있습니다. 그런데 그것들이 뭡니까? 애니메이션 캐릭터입니다. 컴퓨터로 그렸다는 것만 빼면 셀 애니메이션과 다를 것 전혀 없습니다. 사이버펑크 흉내를 내려고 한다면 인공 지능이나 머리에 달고 오라고 하세요.

통신 문학이라는 것도 있습니다. 뻣뻣하기만 하던 국내 문학의 유통 구조를 생각해보면 분명 발전은 있습니다. 하지만 과연 그 뱃속의 변화까지 그렇게 대단한 것인지는 모르겠습니다. 인터액티브 문학? 그런 거야 컴퓨터 하나 없이 이미 에드워드 패커드Edward Packard가 오래 전에 상품화했습니다.* 게다가 이 나라에서는 통신 문학과 아주 일상적인 장르 문학의 차이도 제대로 구별되지 않고 있습니다. 그것들의 대부분은 따지고 나면 새로울 건 하나도 없는 것들입니다.

사이버 패션? 사이버 메이크업? 그런 것들은 언급할 필요도 없습니다. 몇십 년 전에 유행했던 '미래 패션'이 이름만 바꾸고 다시 온 것에 불과합니다.

이런 것들이 아주 자기 기만적이라는 것을 알아야 합니다. 단어가 남발한다는 것은 그 단어나 단어가 지칭하는 대상에 대해 제대로 이해하는 사람들이 별로 없다는 말입니다. 이해를 못 하고, 하더라도 그 이해가 피상적이기 때문에 그 이름의 후광을 얻어 쉬크함을 얻으려는 것 이상은 아닌 거죠. 아

---

* 80년대부터 밴텀 북스에서 출판하고 있는 청소년용 도서인 Choose Your Own Adventure 시리즈 이야기를 하고 있는 겁니다. 물론 조금 더 박학해져서 보르헤스나 루디 루커Rudy Rucker의 예를 들 수도 있습니다. 하지만 어떤 실험 정신의 발휘 없이 오래 전에 얌전한 상업적 성과로 굳어진 이 시리즈의 예를 드는 편이 인터액티브 문학의 허풍에서 벗어나는 데 더 유익할 겁니다.

주 하급의 스노비즘입니다.

전에도 말했지만 스노비즘은 생존 전략이므로 이 역시 변호받을 자격이 있습니다. 하지만 스노비즘은 빨판상어의 생존 전략입니다. 이런 스노브들이 매달릴 고래상어가 한 마리 이상은 있어야 하는 겁니다. 그런데 그런 고래상어가 이 나라에 몇 마리나 됩니까? 제 눈에 보이는 것은 불순한 사이트 하나 때문에 서비스 전체를 틀어막는 아둔한 관료들뿐입니다.

문지스펙트럼

제1영역: 한국 문학선

1-001   별(황순원 소설선 / 박혜경 엮음)

1-002   이슬(정현종 시선)

1-003   정든 유곽에서(이성복 시선)

1-004   귤(윤후명 소설선)

1-005   별 헤는 밤(윤동주 시선 / 홍정선 엮음)

1-006   눈길(이청준 소설선)

1-007   고추잠자리(이하석 시선)

1-008   한 잎의 여자(오규원 시선)

1-009   소설가 구보씨의 일일(박태원 소설선 / 최혜실 엮음)

1-010   남도 기행(홍성원 소설선)

1-011   누군가를 위하여(김광규 시선)

1-012   날개(이상 소설선/이경훈 엮음)

제2영역: 외국 문학선

2-001   젊은 예술가의 초상 1(제임스 조이스/홍덕선 옮김)

2-002   젊은 예술가의 초상 2(제임스 조이스/홍덕선 옮김)

2-003   스페이드의 여왕(푸슈킨 / 김희숙 옮김)

2-004 　세 여인(로베르트 무질 / 강명구 옮김)

2-005 　도둑맞은 편지(에드가 앨런 포 / 김진경 옮김)

2-006 　붉은 수수밭(모옌 / 심혜영 옮김)

2-007 　실비 / 오렐리아(제라르 드 네르발 / 최애리 옮김)

2-008 　세 개의 짧은 이야기(귀스타브 플로베르 / 김연권 옮김)

2-009 　꿈의 노벨레(아르투어 슈니츨러 / 백종유 옮김)

2-010 　사라진느(오노레 드 발자크 / 이철 옮김)

2-011 　베오울프(작자 미상 / 이동일 옮김)

2-012 　육체의 악마(레이몽 라디게 / 김예령 옮김)

2-013 　아무도 아닌, 동시에 십만 명인 어떤 사람

　　　　(루이지 피란델로 / 김효정 옮김)

2-014 　탱고(루이사 발렌수엘라 외 / 송병선 옮김)

2-015 　가난한 사람들(모리츠 지그몬드 외 / 한경민 옮김)

2-016 　이별 없는 세대(볼프강 보르헤르트 / 김주연 옮김)

2-017 　잘못 들어선 길에서(귄터 쿠네르트 / 권세훈 옮김)

2-018 　방랑아 이야기(아이헨도르프 / 정서웅 옮김)

2-019 　모데라토 칸타빌레(마르그리트 뒤라스 / 정희경 옮김)

제3영역: 세계의 산문

3-001 　오드라덱이 들려주는 이야기(프란츠 카프카 / 김영옥 옮김)

3-002 　자연(랠프 왈도 에머슨 / 신문수 옮김)

3-003 　고독(로자노프 / 박종소 옮김)

3-004 　벌거벗은 내 마음(샤를 보들레르 / 이건수 옮김)

제4영역: 문화 마당

4-001　한국 문학의 위상(김현)

4-002　우리 영화의 미학(김정룡)

4-003　재즈를 찾아서(성기완)

4-004　책 밖의 어른 책 속의 아이(최윤정)

4-005　소설 속의 철학(김영민 · 이왕주)

4-006　록 음악의 아홉 가지 갈래들(신현준)

4-007　디지털이 세상을 바꾼다(백욱인)

4-008　신혼 여행의 사회학(권귀숙)

4-009　문명의 배꼽(정과리)

4-010　우리 시대의 여성 작가(황도경)

4-011　영화 속의 열린 세상(송희복)

4-012　세기말의 서정성(박혜경)

4-013　영화, 피그말리온의 꿈(이윤영)

4-014　오프 더 레코드, 인디 록 파일(장호연 / 이용우 / 최지선)

4-015　그 섬에 유배된 사람들(양진건)

4-016　슬픈 거인(최윤정)

4-017　스크린 앞에서 투덜대기(듀나)

제5영역: 우리 시대의 지성

5-001　한국사를 보는 눈(이기백)

5-002　베르그송주의(질 들뢰즈 / 김재인 옮김)

5-003　지식인됨의 괴로움(김병익)

5-004 데리다 읽기(이성원 엮음)

5-005 소수를 위한 변명(복거일)

5-006 아도르노와 현대 사상(김유동)

5-007 민주주의의 이해(강정인)

5-008 국어의 현실과 이상(이기문)

5-009 파르티잔(칼 슈미트 / 김효전 옮김)

5-010 일제 식민지 근대화론 비판(신용하)

5-011 역사의 기억, 역사의 상상(주경철)

5-012 근대성, 아시아적 가치, 세계화(이환)

5-013 비판적 문학 이론과 미학(페터 V. 지마 / 김태환 편역)

5-014 국가와 황홀(송상일)

제6영역: 지식의 초점

6-001 고향(전광식)

6-002 영화(볼프강 가스트 / 조길예 옮김)

6-003 수사학(박성창)

6-004 추리소설(이브 뢰테르/김경현 옮김)

제7영역: 세계의 고전 사상

7-001 쾌락(에피쿠로스 / 오유석 옮김)